特别纳税调整百问百答

《特别纳税调整百问百答》编写组　编著

中国税务出版社

图书在版编目（CIP）数据

特别纳税调整百问百答/《特别纳税调整百问百答》
编写组编著. —北京：中国税务出版社，2022.8（2023.5重印）
ISBN 978－7－5678－1266－6

Ⅰ.①特… Ⅱ.①特… Ⅲ.①企业－避税－研究－中国②企业管理－税收管理－研究－中国　Ⅳ.①F812.423

中国版本图书馆 CIP 数据核字（2022）第 132241 号

版权所有·侵权必究

书　　　名：	特别纳税调整百问百答
作　　　者：	《特别纳税调整百问百答》编写组　编著
责任编辑：	王振波　范竹青
责任校对：	姚浩晴
技术设计：	刘冬珂
出版发行：	中国税务出版社

　　　　　北京市丰台区广安路 9 号国投财富广场 1 号楼 11 层
　　　　　邮政编码：100055
　　　　　网址：https://www.taxation.cn
　　　　　投稿：https://www.taxation.cn/qt/zztg
　　　　　发行中心电话：(010)83362083/85/86
　　　　　传真：(010)83362047/48/49

经　　　销：	各地新华书店
印　　　刷：	北京天宇星印刷厂
规　　　格：	787 毫米×1092 毫米　1/16
印　　　张：	12.25
字　　　数：	163000 字
版　　　次：	2022 年 8 月第 1 版　2023 年 5 月第 3 次印刷
书　　　号：	ISBN 978－7－5678－1266－6
定　　　价：	36.00 元

如有印装错误　本社负责调换

《特别纳税调整百问百答》
编审人员

主　编：钟油子

副主编：赵　勇　刘卫明　王二明　严少平

执　笔：马晓鸣　张　进　孙雯雯　曾思源
　　　　唐志明　王　瑾　曹　阳　王珊珊

审　稿：马　光　程　坦　雍婷婷　叶琛雪
　　　　张　瑾　王　敏　庄家强　吴君君

前　言

特别纳税调整是一项国际性、专业性、理论性和实践性都很强的工作。在经济全球化和跨境税源竞争日趋激烈的大背景下，特别纳税调整作为各国税务主管当局维护本国税基安全的重要手段，体现了一国国际税收管理的水平和能力。

2013年经济合作与发展组织（OECD）启动新一轮国际税改，发布税基侵蚀与利润转移（BEPS）行动计划，一方面致力于提高国际税收规则的协调性与透明度，遏制国际逃避税问题；另一方面针对数字经济及其商业模式带来的征税权划分不确定性争议，提出创新性解决方案。特别是近年应对经济数字化税收挑战的"双支柱"方案，使国际税收体系面临深刻重塑，也使税务主管部门、专业机构、跨国公司和"走出去"企业对于国际税收工作的关注和认识达到前所未有的高度。

经过多年的发展，我国特别纳税调整工作在完善法律法规、重大案件突破等方面取得了令人瞩目的成绩。国家税务总局借鉴BEPS成果和新的国际税收规则，完善特别纳税调整制度体系，发布了一系列文件。但不同的法律法规及文件相对独立且时间跨度大，针对同类业务的规定条款散见其间，给系统学习和便捷查询带来一定困难。

本书以简明精准的问题提炼、系统深入的权威解答、重点时新的税法依据、丰富典型的案例指导，深度阐释特别纳税调整工作的各个方面，全面涵盖转让定价、预约定价安排、成本分摊协议、受控外国企业、资本弱化以及一般反避税等最新法律法规，具有较强的政策性、规范性、专业性、时效性、综合性和操作性。

希望广大税务干部和纳税人通过对特别纳税调整知识的学习，进一步了解该领域最新国际发展趋势，增强防范国际税收风险的能力，进而为持续优化营商环境、助力纳税人"走出去"和"引进来"，推动形成全面开放新格局作出更大贡献。

编　者
2022 年 6 月

目 录

第一篇 关联申报

1. 什么是关联关系？ ………………………………………… 1
2. 如何理解关联关系中"双方在实质上具有其他共同利益"的情形？ ……………………………………………………… 6
3. 关联交易主要包括哪些类型？ …………………………… 7
4. 关联申报的报送主体有哪些？ …………………………… 9
5. 如何办理关联申报的延期申报？ ………………………… 11
6. 报送国别报告的注意事项有哪些？ ……………………… 12
7. 《中华人民共和国企业年度关联业务往来申报表（2016年版）》包含哪些内容？ ……………………………………… 14
8. 填报《报告企业信息表》（G000000）的注意事项有哪些？ …… 16
9. 填报《中华人民共和国企业年度关联业务往来汇总表》（G100000）的注意事项有哪些？ …………………… 19
10. 填报《关联关系表》（G101000）的注意事项有哪些？ ………… 22
11. 填报《有形资产所有权交易表》（G102000）的注意事项有哪些？ ……………………………………………… 24
12. 填报《融通资金表》（G107000）的注意事项有哪些？ ……… 27

· 1 ·

13. 填报《权益性投资表》(G109000)的注意事项有哪些？·············· 29

第二篇 同期资料

14. 同期资料包括哪些类型？·············· 32
15. 分属不同税务机关管辖的集团企业如何报送同期资料主体文档？·············· 35
16. 同期资料准备、报送和保存的时限是如何规定的？·············· 36
17. 如果企业未准备同期资料会有哪些影响？·············· 37
18. 主体文档主要包括哪些内容？·············· 38
19. 本地文档主要包括哪些内容？·············· 40
20. 特殊事项文档主要包括哪些内容？·············· 43

第三篇 转让定价管理

21. 什么是转让定价管理？·············· 45
22. 什么是独立交易原则？·············· 46
23. 什么是可比性分析？·············· 47
24. 如何选择恰当的转让定价方法？·············· 49
25. 什么是可比非受控价格法？·············· 51
26. 什么是再销售价格法？·············· 54
27. 什么是成本加成法？·············· 57
28. 什么是交易净利润法？·············· 59
29. 什么是利润分割法？·············· 62
30. 其他符合独立交易原则的方法还有哪些？·············· 64
31. 如何确认潜在的可比交易或可比对象？·············· 66

32. 可比性差异调整主要包含哪些内容？⋯⋯⋯⋯⋯⋯⋯⋯ 67

33. 税务机关如何对隐匿或抵消的关联交易进行管理？⋯⋯ 69

34. 如何确定符合独立交易原则的价格或利润水平区间？⋯ 70

35. 如何理解转让定价中的无形资产？⋯⋯⋯⋯⋯⋯⋯⋯⋯ 72

36. 判定关联各方对无形资产价值的贡献程度时应注意
    哪些方面的问题？⋯⋯⋯⋯⋯⋯⋯⋯⋯⋯⋯⋯⋯⋯⋯⋯ 73

37. 关联企业之间收取或支付的特许权使用费在哪些情况下
    可以实施特别纳税调整？⋯⋯⋯⋯⋯⋯⋯⋯⋯⋯⋯⋯⋯ 75

38. 关联企业之间收取或支付的劳务费在哪些情况下可以
    实施特别纳税调整？⋯⋯⋯⋯⋯⋯⋯⋯⋯⋯⋯⋯⋯⋯⋯ 77

39. 对劳务进行特别纳税调整选择转让定价方法时应注意
    哪些问题？⋯⋯⋯⋯⋯⋯⋯⋯⋯⋯⋯⋯⋯⋯⋯⋯⋯⋯⋯ 79

40. 税务机关在转让定价调查中如何处理因新冠肺炎疫情
    对企业造成的影响？⋯⋯⋯⋯⋯⋯⋯⋯⋯⋯⋯⋯⋯⋯⋯ 81

第四篇　预约定价安排

41. 什么是预约定价安排？⋯⋯⋯⋯⋯⋯⋯⋯⋯⋯⋯⋯⋯⋯ 83
42. 预约定价安排有哪些优势？⋯⋯⋯⋯⋯⋯⋯⋯⋯⋯⋯⋯ 84
43. 预约定价安排的适用范围？⋯⋯⋯⋯⋯⋯⋯⋯⋯⋯⋯⋯ 85
44. 预约定价安排有哪些类型？⋯⋯⋯⋯⋯⋯⋯⋯⋯⋯⋯⋯ 87
45. 预约定价安排的谈签和执行需要经过哪些阶段？⋯⋯⋯ 88
46. 企业在预备会谈阶段需要注意哪些事项？⋯⋯⋯⋯⋯⋯ 90
47. 税务机关在分析评估阶段会审查哪些内容？⋯⋯⋯⋯⋯ 92
48. 什么是单边预约定价安排简易程序？⋯⋯⋯⋯⋯⋯⋯⋯ 93
49. 单边预约定价安排简易程序的适用范围？⋯⋯⋯⋯⋯⋯ 94

50. 单边预约定价安排简易程序有哪些阶段？ …………………… 96
51. 单边预约定价安排简易程序与预约定价安排一般程序
    如何衔接？ ……………………………………………………… 99
52. 预约定价安排文本包括哪些内容？ …………………………… 100
53. 预约定价安排续签该如何办理？ ……………………………… 104
54. 预约定价安排的信息资料有哪些保密性规定？ ……………… 106
55. 企业谈签与执行预约定价安排时可能存在哪些风险？ ……… 107
56. 新冠肺炎疫情对预约定价安排带来哪些影响？ ……………… 109

第五篇　成本分摊协议

57. 什么是成本分摊协议？ ………………………………………… 112
58. 什么是成本分摊协议管理？ …………………………………… 114
59. 成本分摊协议的税务管理形式有哪些？ ……………………… 115
60. 成本分摊协议的适用范围是什么？ …………………………… 116
61. 签订成本分摊协议的基本原则是什么？ ……………………… 117
62. 参与方使用成本分摊协议所开发或受让的无形资产
    是否需要支付费用？ …………………………………………… 118
63. 成本分摊协议的内容主要有哪些？ …………………………… 119
64. 企业执行成本分摊协议期间是否应进行补偿调整？ ………… 120
65. 企业执行成本分摊协议期间需要完成哪些相关申报？ ……… 122
66. 成本分摊协议分摊的成本在企业所得税税前扣除有何规定？ …… 123

第六篇　受控外国企业

67. 什么是受控外国企业管理？ …………………………………… 125

68. 什么是受控外国企业？ …………………………………… 127
69. 受控外国企业规则中"控制"的含义是什么？ ………… 129
70. 居民企业发生境外投资后需要履行哪些申报义务？ …… 131
71. 居民企业控制的外国企业未分配、少分配股息应如何进行税务处理？ …………………………………………… 133

第七篇 资本弱化管理

72. 什么是资本弱化管理？ …………………………………… 136
73. 关联方利息支出在企业所得税税前扣除的比例有什么规定？ … 138
74. 不得在企业所得税税前扣除的关联方利息支出如何计算？ … 140
75. 超过关联债资比例的利息支出在什么条件下可以在企业所得税税前扣除？ ……………………………………… 142

第八篇 一般反避税管理

76. 如何理解一般反避税管理的概念？ ……………………… 144
77. 一般反避税调查的适用范围有哪些？ …………………… 145
78. 不具有合理商业目的避税安排的主要特征有哪些？ …… 146
79. 一般反避税管理的调整方法有哪些？ …………………… 147
80. 如何开展一般反避税案件的选案和立案？ ……………… 148
81. 如何开展一般反避税案件调查？ ………………………… 149
82. 一般反避税案件的结案程序是如何规定的？ …………… 151
83. 一般反避税案件发生争议应如何处理？ ………………… 152
84. 如何理解"间接转让中国居民企业股权等财产"的概念？ … 153
85. 间接转让中国应税财产的豁免条款有哪些？ …………… 155

86. 间接转让中国应税财产的安全港规则有哪些？ ………… 156

87. 应直接认定为不具有合理商业目的间接转让中国应税
财产的情形有哪些？ ………… 158

88. 如何综合分析判断间接转让中国应税财产是否具有
合理商业目的？ ………… 159

89. 发生间接转让中国应税财产交易，交易相关方向主管
税务机关报告时应提交哪些资料？ ………… 162

90. 发现间接转让中国应税财产交易，主管税务机关可以
要求交易相关方提供哪些资料？ ………… 163

91. 如何确定间接股权转让所得归属于中国应税财产的数额？ ………… 164

第九篇　特别纳税调整相互协商程序

92. 什么是特别纳税调整相互协商程序？ ………… 167

93. 企业如何申请启动特别纳税调整相互协商程序？ ………… 168

94. 国家税务总局如何受理、启动特别纳税调整相互协商程序？ ………… 169

95. 哪些情形下特别纳税调整相互协商程序的申请（请求）
会被拒绝？ ………… 170

96. 适用于暂停、终止相互协商程序的情形主要有哪些？ ………… 172

97. 特别纳税调整相互协商协议签署后应如何执行？ ………… 173

98. 对经相互协商程序需要补（退）税款涉及外币计算的，
汇率应当如何确定？ ………… 174

第十篇　特别纳税调整最新发展趋势

99. 什么是"难以估值无形资产"？ ………… 176

100.《资产评估执业准则——资产评估方法》中的资产评估
方法对转让定价领域有何借鉴意义？ …………………… 177
101. OECD《关于新冠肺炎疫情影响的转让定价指引》的
主要内容是什么？ ………………………………………… 178
102. 面对新冠肺炎疫情，税务机关和企业在转让定价实践中
应重点关注哪些方面？ …………………………………… 180

参考文献 …………………………………………………………… 182

第一篇 关联申报

1. 什么是关联关系？

企业与其他企业、组织或者个人具有表 1-1 中七种类型关系之一的，即构成关联关系。

表 1-1　　　　　　　　关联关系的七种类型

序号	关联关系类型	关联关系条件		例外
1	股权关系	①一方直接或者间接持有另一方的股份总和达到 25% 以上（含本数）		仅因国家持股或者由国有资产管理部门委派董事、高级管理人员而存在第 1 至 5 项关系的，不构成关联关系
		②双方直接或者间接同为第三方所持有的股份达到 25% 以上（含本数）		
2	资金借贷关系	双方存在持股关系或者同为第三方持股，持股比例未达到 25%	①双方之间借贷资金总额占任一方实收资本比例达到 50% 以上，或者一方全部借贷资金总额的 10% 以上由另一方担保（与独立金融机构之间的借贷或者担保除外）	
3	无形资产特许权控制		②一方的生产经营活动必须由另一方提供专利权、非专利技术、商标权、著作权等特许权才能正常进行	
4	经营活动控制		③一方的购买、销售、接受劳务、提供劳务等经营活动由另一方控制	

续表

序号	关联关系类型	关联关系条件	例外
5	管理层关系	①一方半数以上董事或者半数以上高级管理人员（包括上市公司董事会秘书、经理、副经理、财务负责人和公司章程规定的其他人员）由另一方任命或者委派	仅因国家持股或者由国有资产管理部门委派董事、高级管理人员而存在第1至5项关系的，不构成关联关系
		②同时担任另一方的董事或者高级管理人员	
		③双方各自半数以上董事或者半数以上高级管理人员同为第三方任命或者委派	
6	亲属关系	具有夫妻、直系血亲、兄弟姐妹以及其他抚养、赡养关系的两个自然人分别与双方具有第1至5项关系之一	
7	实质利益关系	双方在实质上具有其他共同利益	

解读

（1）关联关系的第一种类型是股权关系，需要注意两个方面：

①如果一方通过中间方对另一方间接持有股份，只要其对中间方持股比例达到25%以上，则其对另一方的持股比例按照中间方对另一方的持股比例计算。例如，甲持有乙30%的股份，乙持有丙40%的股份，因甲对中间层乙的持股比例达到25%以上，则在判断是否构成关联关系时，甲对丙的持股比例按照乙对丙的持股比例计算，甲、乙和丙构成关联关系。

②两个以上具有夫妻、直系血亲、兄弟姐妹以及其他抚养、赡养关系的自然人共同持股同一企业，在判定关联关系时持股比例合并计算。

（2）关联关系的第二种类型是资金借贷关系型。借贷资金总额占实收资本比例的计算公式如下：

借贷资金总额占实收资本比例 = 年度加权平均借贷资金 ÷ 年度加权平均实收资本

其中：

年度加权平均借贷资金 = i 笔借入或者贷出资金账面金额 × i 笔借入或者贷出资金年度实际占用天数 ÷ 365

年度加权平均实收资本 = i 笔实收资本账面金额 × i 笔实收资本年度实际占用天数 ÷ 365

例 1-1 A 公司 2021 年实收资本为 2000 万元，B 公司 2021 年实收资本为 1200 万元，均全年无变化。A 公司直接持有 B 公司 21% 的股权，无其他可合并计算的情形。2021 年 A 公司从 B 公司借入 3 笔借款，分别为 4000 万（使用 35 天）、1800 万（使用 50 天）、600 万（使用 60 天）。

年度借贷资金总额占 A 公司实收资本比例 = （4000 × 35 + 1800 × 50 + 600 × 60） ÷ 365 ÷ 2000 = 36.4% < 50%

年度借贷资金总额占 B 公司实收资本比例 = （4000 × 35 + 1800 × 50 + 600 × 60） ÷ 365 ÷ 1200 = 60.7% > 50%

虽然 A 公司直接持有 B 公司的股权未达到 25%，不构成股权控制型关联关系，但年度借贷资金总额占 B 公司实收资本的比例已达到借贷资金关联关系的认定标准，因此可以认定双方构成资金借贷型关联关系。

（3）关联关系的第三种类型是一方对另一方的无形资产特许权控制。无形资产特许权控制包括一方通过专利权、非专利技术、商标权、著作权等无形资产的特许经营控制另一方的关系；不包括仅有特许经营，但没有持股关系的 4S 店、加盟店等。

（4）关联关系的第四种类型是一方对另一方经营活动的控制关系。这里所称的"控制"，基本与《企业会计准则第 36 号——关联方披露》的规定表述一致，需要符合三个条件：其一，一方有权决定另一方财务。即一方有权对另一方日常的"资产的购置（投资）、资本的融通（筹资）和经营中现金流量（营运资金）的管理控制，以及利润分配等管理活动"发挥重大决定权。另一方通常只是一个会计核算中心，其有关财务决策的重大事项均需要由一方作出决定。其二，一方有权决定另一方的经营决策。即另一方主要的、重大的购买、销售、接受劳务、提供劳务等经营活动由一方规划、安排、确定。其三，一方能据以从另一方的经营活动中获取利益。

（5）关联关系的第五种类型是管理层关系。例如，A公司董事会由王二、张三、李四等5人组成，王二担任董事长兼总经理。B公司董事会由王二、张三等3人组成。C公司董事会由王二、Amy和Lily3人组成，王二对C公司的持股比例未达到25%、且未担任C公司的董事或高级管理人员。D公司的高级管理人员由7人组成，其中法定代表人王二，总经理、副总经理和财务负责人由A公司委派。根据表1-1中管理层关联关系第①条规定，A公司与D公司构成关联关系；根据第②条规定，A公司与B公司构成关联关系，那么，A公司、B公司和D公司三者构成关联关系。A公司和C公司不构成关联关系，C公司和D公司也不构成关联关系。

（6）关联关系的第六种类型是亲属控制型，"亲属"包括配偶、血亲和姻亲。其中，配偶、父母、子女、兄弟姐妹、祖父母、外祖父母、孙子女、外孙子女为近亲属。配偶、父母、子女和其他共同生活的近亲属为家庭成员。

例1-2 亲属关系及控股情况如图1-1所示，甲、乙、C公司、D公司之间是否构成关联关系？

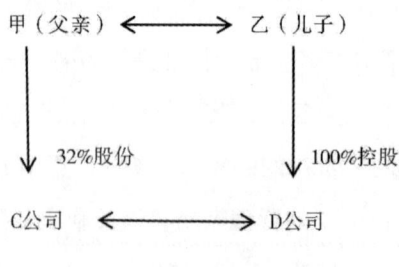

图1-1 亲属关系及控股情况

第一篇 关联申报

甲持有C公司32%的股份，甲和C公司构成关联关系。乙对D公司100%控股，乙和D公司构成关联关系。由于甲和乙是父子关系，从而形成四者之间的纽带，使得甲、乙、C公司、D公司相互之间均构成关联关系。

需要注意的是：

①关联关系的第二种资金借贷关系型、第三种特许经营控制型和第四种经营活动控制型，首先需要满足双方或者同为第三方的持股关系，但持股比例无须达到25%的要求。

②除借贷资金控制外，关联关系年度内发生变化的，关联关系按照实际存续期间认定。例如，A公司2020年1月1日至6月30日拥有B公司50%的股权，A公司在2020年7月1日向C公司出售其拥有B公司的40%的股权，C公司持有该股权至2020年12月31日。不考虑其他可能构成关联关系的情形，A公司与B公司在2020年1月1日至6月30日期间构成关联关系，C公司与B公司在2020年7月1日至2020年12月31日期间构成关联关系。

③仅因国家持股或者由国有资产管理部门委派董事、高级管理人员的情形，不构成关联关系。但该豁免标准并不具有传导性。例如，中国S集团公司和D集团公司均由国资委控股，不能仅因此判定中国S集团和D集团构成关联关系。但中国S集团公司下属控股的子公司，与其是构成关联关系的。

④在判断无形资产特许权控制和经营活动控制构成的关联关系时，往往因为无形资产或经营活动控制关系难以识别而需要纳税人引起关注，这种关联关系在乘用车、芯片制造、生物医药等高科技行业尤为多见。以某汽车行业的合资企业为例，境外A公司对境内平台公司B公司的持股比例超过25%，但B公司对合资公司C公司的持股比例仅占10%。C公司作为A公司的下游生产企业之一，其绝大多数产

品需要按照指定规格分销给 A 公司指定的客户,且在购买原材料和辅材过程中需要向经过 A 公司认证的供应商采购。尽管 A 公司对 C 公司的持股比例未达到 25% 的要求,但 A 公司依然会因为经营活动控制而与 C 公司构成关联关系。

依据

《国家税务总局关于完善关联申报和同期资料管理有关事项的公告》(国家税务总局公告 2016 年第 42 号)第二条、第三条

2. 如何理解关联关系中"双方在实质上具有其他共同利益"的情形?

解答

企业与其他企业、组织或者个人之间,一方通过合同或其他形式能够控制另一方的相关活动并因此享有回报的,双方构成关联关系,应当就其与关联方之间的业务往来进行关联申报。

解读

2021 年 10 月 12 日,国家税务总局下发《国家税务总局关于进一步深化税务领域"放管服"改革 培育和激发市场主体活力若干措施的通知》(税总征科发〔2021〕69 号),明确在"放管服"激发市场主体活力的同时,优化税务执法和监管,维护公平公正税收环境。其中第二条第(九)项明确要"严格执行关联申报要求",即"认真落实《国家税务总局关于

完善关联申报和同期资料管理有关事项的公告》(2016年第42号),企业与其他企业、组织或者个人之间,一方通过合同或其他形式能够控制另一方的相关活动并因此享有回报的,双方构成关联关系,应当就其与关联方之间的业务往来进行关联申报。"从而在征管实务中进一步明确了关联关系判定的其他情形,是对国家税务总局公告2016年42号第二条第(七)项关联关系判定的其他情形,"双方在实质上具有其他共同利益"这一兜底条款的进一步重申和明确。

依 据

《国家税务总局关于进一步深化税务领域"放管服"改革 培育和激发市场主体活力若干措施的通知》(税总征科发〔2021〕69号)

3. 关联交易主要包括哪些类型?

解 答

关联交易主要包括以下五种类型,见表1-2。

表1-2　　　　　　　　关联交易的五种类型

序号	关联交易类型	关联交易相关资产及劳务范围
1	有形资产使用权或者所有权的转让	有形资产包括商品、产品、房屋建筑物、交通工具、机器设备、工具器具等
2	金融资产的转让	金融资产包括应收账款、应收票据、其他应收款项、股权投资、债权投资和衍生金融工具形成的资产等
3	无形资产使用权或者所有权的转让	无形资产包括专利权、非专利技术、商业秘密、商标权、品牌、客户名单、销售渠道、特许经营权、政府许可、著作权等
4	资金融通	资金包括各类长短期借贷资金(含集团资金池)、担保费、各类应计息预付款和延期收付款等

续表

序号	关联交易类型	关联交易相关资产及劳务范围
5	劳务交易	劳务包括市场调查、营销策划、代理、设计、咨询、行政管理、技术服务、合约研发、维修、法律服务、财务管理、审计、招聘、培训、集中采购等

解读

例1-3 A公司和B公司是关联方，发生以下关联交易：

A公司向B公司销售商品33万元，这属于有形资产所有权转让类型的关联交易。B公司将自有的房屋出租给A公司，这属于有形资产使用权转让类型的关联交易。

需要注意的是，此处房屋出租作为有形资产使用权转让与会计核算存在一定差异。A公司将房屋租赁给B公司，尽管在账面上分别按照房屋建筑物等固定资产和土地使用权等无形资产核算，但从关联交易类型角度，A公司对B公司出租房屋的行为属于上述第一类"有形资产使用权或者所有权的转让"。

A公司将所持C公司5%股份以150万的价格转让给B公司，这属于金融资产转让类型的关联交易。

A公司向B公司提供商标权或某种核心技术相关的特许权，这属于无形资产使用权转让类型的关联交易。

A公司向B公司提供贷款担保，收取担保费80万元，这属于资金融通类型的关联交易。同时A公司作为集团企业的资金池，负责向成员企业上收、下拨资金并相应支付、收取利息，也属于资金融通类型的关联交易。

A公司从事空调销售业务，其所有的空调由B公司负责维修，A公司每年向B公司支付维修费用10万元，这属于劳务交易类型的关联交易。A 公司的境外关联方 C 公司为 A 公司提供技术服务（不涉及特许权等无形资产），也属于劳务交易类型的关联交易。

由于 A 公司生产的产品专业性较强、对技术要求较高，所以在日常生产过程中需要同 B 公司在生产工艺、技术指导等方面进行较为频繁的联系。A 公司每年与 B 公司签订技术服务咨询协议，支付咨询服务费，这属于劳务交易类型的关联交易。

依 据

《国家税务总局关于完善关联申报和同期资料管理有关事项的公告》（国家税务总局公告 2016 年第 42 号）第四条

4. 关联申报的报送主体有哪些？

解 答

以下两类主体一般应在企业所得税年度申报期内进行关联申报：
（1）实行查账征收方式缴纳企业所得税（A 类）的居民企业；
（2）在中国境内设立机构、场所并据实申报缴纳企业所得税的非居民企业。

解 读

以上两类企业申报关联交易需满足两个条件：一是存在关联方；二是在本年度内与其关联方发生过业务往来。企业年度内未与其关联方发生业务往来，且不符合国别报告报送条件的，可以不进行关联申报。企业年度内未与其关联方发生业务往来，但符合国别报告报送条件的，只填报《报告企业信息表》（G000000）和国别报告的6张表①。企业关联申报报告年度所属期间见表1-3。

表1-3　　　　　　　企业关联申报报告年度所属期间

企业类型	报告年度所属期间
正常营业	1月1日至12月31日
年度中间开业	实际生产经营之日至12月31日
年度中间发生合并、分立、破产、停业	1月1日至实际停业或法院裁定并宣告破产之日
年度中间开业且年度中间又发生合并、分立、破产、停业	实际生产经营之日至实际停业或法院裁定并宣告破产之日

例1-4　A公司2020年度是实行查账征收方式缴纳企业所得税的居民企业，每个年度均与其关联方发生业务往来，2021年3月20日办理注销手续。在税务登记注销前，A公司应报送2020年度和2021年1—3月两个年度的《中华人民共和国企业年度关联业务往来报告表（2016年版）》。

依　据

《国家税务总局关于完善关联申报和同期资料管理有关事项的公告》（国家税务总局公告2016年第42号）第一条

---

①　国别报告的6张表，是指《中华人民共和国企业年度关联业务往来报告表（2016版）》中的G114010、G114011、G114020、G114021、G114030、G114031。

5. 如何办理关联申报的延期申报？

解答

纳税人因不可抗力或其他原因在规定期限内办理关联申报确有困难需要延期的，应在规定的纳税申报期限届满前提出书面延期申请，经税务机关核准，可以延期申报。但应当在不可抗力情形消除后立即向税务机关报告。

解读

不可抗力，是指不能预见、不能避免并不能克服的客观情况。不可抗力的来源既有自然现象，如地震、台风，也包括社会现象，如军事行动。作为人力所不可抗拒的强制力，具有客观上的偶然性和不可避免性，主观上的不可预见性以及社会危害性。按照规定的期限办理纳税申报确有困难，是指因财务处理上的特殊原因，账务未处理完毕，不能计算应纳税额所导致的不能按时申报。

依据

《中华人民共和国税收征收管理法》第二十七条

《中华人民共和国税收征收管理法实施细则》第三十七条

《国家税务总局关于完善关联申报和同期资料管理有关事项的公告》（国家税务总局公告2016年第42号）第九条

6. 报送国别报告的注意事项有哪些？

> 解 答

按照相关规定，以下两类企业（见表1-4）需要在报送年度关联业务往来报告表时，填报国别报告。

表1-4　　　　　国别报告报送企业类型

序号	国别报告报送企业类型	豁免条件
1	该居民企业为跨国企业集团的最终控股企业，且其上一会计年度合并财务报表中的各类收入金额合计超过55亿元	最终控股企业为中国居民企业的跨国企业集团，其信息涉及国家安全的，可以按照国家有关规定，豁免填报部分或者全部国别报告
2	该居民企业被跨国企业集团指定为国别报告的报送企业	

税务机关也可以在实施特别纳税调查时要求企业提供国别报告，前提是该企业所属跨国企业集团按照其他国家有关规定应当准备国别报告，且符合下列条件之一：

（1）跨国企业集团未向任何国家提供国别报告。

（2）虽然跨国企业集团已向其他国家提供国别报告，但我国与该国尚未建立国别报告信息交换机制。

（3）虽然跨国企业集团已向其他国家提供国别报告，且我国与该国已建立国别报告信息交换机制，但国别报告实际未成功交换至我国。

第一篇 关联申报

解 读

最终控股企业,是指能够合并其所属跨国企业集团所有成员实体财务报表的,且不能被其他企业纳入合并财务报表的企业。

成员实体应当包括:

(1) 实际已被纳入跨国企业集团合并财务报表的任一实体。

(2) 跨国企业集团持有该实体股权且按公开证券市场交易要求应被纳入但实际未被纳入跨国企业集团合并财务报表的任一实体。

(3) 仅由于业务规模或者重要性程度而未被纳入跨国企业集团合并财务报表的任一实体。

(4) 独立核算并编制财务报表的常设机构。

例1-5 A企业和B企业共同投资C企业,投资比例均为50%。根据企业会计准则的规定,A企业和B企业均可对C企业进行合并财务报表,且A企业、B企业不能被其他企业合并财务报表。A企业和B企业均为C企业的最终控股企业。

企业信息涉及国家安全,申请豁免填报部分或者全部国别报告的,应该向主管税务机关提供相关证明材料。

税务机关可以按照我国对外签订的协定、协议或者安排实施国别报告的信息交换。

依 据

《国家税务总局关于完善关联申报和同期资料管理有关事项的公告》(国家税务总局公告2016年第42号)第五条、第六条、第八条

7.《中华人民共和国企业年度关联业务往来申报表（2016年版）》包含哪些内容？

解答

企业进行关联申报时，向主管税务机关报送的《中华人民共和国企业年度关联业务往来申报表（2016年版）》一共包括22张表单（见表1-5），分为3部分：①基础信息包括表G000000—G101000，共3张表；②关联交易数据包括表G102000—G113020，共13张表；③国别报告包括表G114010—G114031，共6张表。

表1-5 《中华人民共和国企业年度关联业务往来申报表（2016年版）》表单

序号	项目名称	表单编号	表单名称
1	基础信息	G000000	报告企业信息表
2		G100000	中华人民共和国企业年度关联业务往来汇总表
3		G101000	关联关系表
4	关联交易数据	G102000	有形资产所有权交易表
5		G103000	无形资产所有权交易表
6		G104000	有形资产使用权交易表
7		G105000	无形资产使用权交易表
8		G106000	金融资产交易表
9		G107000	融通资金表
10		G108000	关联劳务表
11		G109000	权益性投资表
12		G110000	成本分摊协议表
13		G111000	对外支付款项情况表
14		G112000	境外关联方信息表
15		G113010	年度关联交易财务状况分析表（报告企业个别报表信息）
16		G113020	年度关联交易财务状况分析表（报告企业合并报表信息）

续表

序号	项目名称	表单编号	表单名称
17	国别报告	G114010	国别报告—所得、税收和业务活动国别分布表
18		G114011	国别报告—所得、税收和业务活动国别分布表（英文表）
19		G114020	国别报告—跨国企业集团成员实体名单
20		G114021	国别报告—跨国企业集团成员实体名单（英文表）
21		G114030	国别报告—附加说明表
22		G114031	国别报告—附加说明表（英文表）

解读

企业在报告年度内发生关联业务往来的，表G000000、表G100000、表G101000这3张基础信息表是必填表。企业应根据本年度发生的交易类型据实选填表G102000—G108000，并同时填报表G109000及表G113010。如同时发生境外关联业务还需按要求填报表G112000，按照每个境外关联方填写一张表G112000。报告年度所属期间有编制合并财务报表的企业需额外填报表G113020。

依据

《国家税务总局关于完善关联申报和同期资料管理有关事项的公告》（国家税务总局公告2016年第42号）附件1

8. 填报《报告企业信息表》（G000000）的注意事项有哪些？

企业在填报《中华人民共和国企业年度关联业务往来报告表（2016年版）》时，首先应填报《报告企业信息表》（G000000），以便为后续报告表提供指引。

企业根据具体情况勾选"正常报告""更正报告"和"补充报告"。正常报告，是指申报期内第一次年度报告；更正报告，是指申报期内企业对已报告内容进行更正的报告；补充报告，是指申报期后由于企业自查、主管税务机关等发现以前年度报告有误而更改的报告。三种类型报告的时间划分见图1–2。

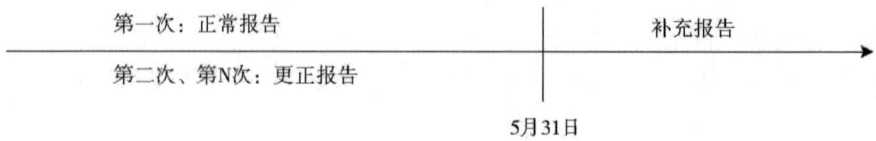

图1–2 三种类型报告的时间划分

填报《报告企业信息表》（G000000）时需要注意以下项目：

"116 上市公司"：根据企业实际情况选填。报告企业为上市公司主体的选择"是"，否则选择"否"；如为上市公司子公司或分公司，应选择"否"。选择"是"的，"117 上市股票代码"和"118 上市交易所"栏为必填项；选择"否"的，"117 上市股票代码"和"118 上市交易所"栏为不填项。

"120企业集团最终控股企业"：根据企业实际情况选填。最终控股企业，是指能够合并其所属企业集团所有成员实体财务报表的，且不能被其他企业纳入合并财务报表的企业。如果"120企业集团最终控股企业"选择"否"，企业也需填报"121企业集团最终控股企业名称"和"122企业集团最终控股企业所在国家（地区）"。

"124本年度准备同期资料"：根据企业实际情况选填。企业尤其需要关注本年度是否满足本地文档、主体文档和特殊事项文档等同期资料相关文档的申报要求，并对本项按照实际情况如实勾选。

"203员工数量"与《企业所得税年度纳税申报基础信息表》（A000000）"104从业人数"填报口径不一致，本项填报的是本报告年度所属期间内企业内部各职能部门全年从业员工数量，具体计算公式如下：

从业员工数量 =（年初值 + 年末值）÷2

年度中间开业或者终止经营活动的，以其实际经营期作为一个纳税年度确定上述相关指标。

填报"400企业股东信息（前五位）"时，如果当年度前五位股东曾发生变更，应填报本报告年度最后一日持股比例排序前5位股东的信息，与第5位股东持股比例相同的股东，其信息也应填报。

例1-6 A（湖北）有限责任公司成立于2018年6月15日，注册资本3000万元人民币，投资总额5500万元人民币，适用《企业会计准则》。A（湖北）有限责任公司是由A（香港）有限公司和B有限责任公司共同出资成立的中外合资企业，A（香港）有限公司持股60%，B有限责任公司持股40%。A（香港）有限公司由所在地为甲国的A控股有限公司100%投资设立。A（湖北）有限责任公司并非上市公司，其最终控股企业是A控股有限公司。

《报告企业信息表》（G000000）填报示例以A（湖北）有限责任公司2020年度发生的业务进行填写（见表1-6）。

特别纳税调整百问百答

表 1-6　《报告企业信息表》(G000000) 填报示例

G000000

<table>
<tr><td colspan="9" align="center">报告企业信息表</td></tr>
<tr><td colspan="3" align="center">正常报告 ☑</td><td colspan="3" align="center">更正报告 □</td><td colspan="3" align="center">补充报告 □</td></tr>
<tr><td colspan="9" align="center">100 基本信息</td></tr>
<tr><td colspan="2">101 纳税人名称</td><td>A（湖北）有限责任公司</td><td>103 注册地址</td><td>国家（地区）</td><td>中国</td><td>××省</td><td>地级市</td><td>××市</td></tr>
<tr><td colspan="2">102 纳税人识别号</td><td>统一社会信用代码</td><td>104 经营地址</td><td>国家（地区）</td><td>中国</td><td>××省</td><td>地级市</td><td>××市</td></tr>
<tr><td colspan="2">105 经营范围</td><td colspan="7">本年度实际生产经营范围</td></tr>
<tr><td colspan="2" rowspan="3">106 主管税务机关</td><td rowspan="3">××税务机关</td><td>108 注册资本</td><td>币种</td><td>人民币</td><td>金额</td><td>××元</td><td>110 登记注册类型</td><td rowspan="3">营业执照上的类型
金属包装容器及材料制造、资本投资服务、其他未列明商务服务业（根据《国民经济行业分类》填写）</td></tr>
<tr><td rowspan="2">109 投资总额</td><td rowspan="2">币种</td><td rowspan="2">人民币</td><td rowspan="2">金额</td><td rowspan="2">55000000元</td><td rowspan="2">111 所属行业</td></tr>
<tr></tr>
<tr><td colspan="2">112 独立法人</td><td>是 □ 否 □</td><td>113 法定代表人或负责人</td><td colspan="2">×××</td><td>114 独立核算</td><td colspan="2">是 ☑ 否 □</td></tr>
<tr><td colspan="2">115 适用的会计准则或会计制度</td><td colspan="7">企业会计准则（一般企业 ☑）银行 □ 证券 □ 保险 □ 担保 □）
小企业会计准则 □ 企业会计制度 □ 事业单位会计准则（事业单位会计制度 □ 科学事业单位会计制度 □ 医院会计制度 □ 高等学校会计制度 □ 中小学校会计制度 □ 彩票机构会计制度 □）民间非营利组织会计制度 □ 村集体经济组织会计制度 □ 农民专业合作社财务会计制度（试行）□ 其他 □</td></tr>
<tr><td colspan="2">116 上市公司</td><td>是 □ 否 ☑</td><td>117 上市股票代码</td><td colspan="2">118 上市交易所</td><td>119 记账本位币</td><td colspan="2">人民币</td></tr>
<tr><td colspan="2">120 企业集团最终控股企业</td><td colspan="2">是 ☑ 否 □</td><td colspan="2">121 企业集团最终控股企业名称</td><td colspan="3">A 控股有限公司</td></tr>
<tr><td colspan="3">122 企业集团最终控股企业所在国家（地区）</td><td>甲国</td><td colspan="3">123 被指定为国别报告的报送企业</td><td colspan="2">是 □ 否 ☑</td></tr>
<tr><td colspan="2">124 本年度准备同期资料</td><td>主体文档 □ 本地文档 □
特殊事项文档 □ 无 □</td><td colspan="2">125 执行预约定价安排</td><td>是 □ 否 ☑</td><td>126 签订或者执行成本分摊协议</td><td>是 □ 否 ☑</td><td>是 □ 否 ☑</td></tr>
<tr><td colspan="9" align="center">200 企业内部部门信息</td></tr>
<tr><td>行次</td><td colspan="2">201 部门名称</td><td colspan="4">202 部门履行的职责业务范围及履行职责业务流程</td><td>203 员工数量</td><td>204 上一级部门名称</td></tr>
<tr><td>1</td><td colspan="2">财务部</td><td colspan="4">财务报销、报表编制</td><td>8</td><td>总经理</td></tr>
<tr><td>2</td><td colspan="2">市场部</td><td colspan="4">发展业务及销售</td><td>15</td><td>总经理</td></tr>
<tr><td>3</td><td colspan="2">制造部</td><td colspan="4">生产产品和技术改造</td><td>80</td><td>总经理</td></tr>
</table>

续表

300 企业高级管理人员信息									
行次	301 职务名称	302 姓名	303 国家（地区）	304 身份证件名称	305 身份证件号码	306 任职起始日期	307 任职截止日期	308 委任方名称
1	总经理	××	中国	身份证	***	2015－8－1	2024－12－31	A（湖北）有限责任公司
2								
3								
400 企业股东信息（前五位）								
行次	401 股东名称	402 股东类型	403 国家（地区）	404 登记注册类型	405 证件种类	406 纳税人识别号或身份证件号码	407 持股起始日期	408 持股比例
1	A（香港）有限公司	企业法人	香港	有限责任公司	营业执照	***	20200101－20201231	60%
2	B有限责任公司	企业法人	中国	有限责任公司	税务登记证	***	20200101－20211231	40%
3								
4								
5								

依 据

《国家税务总局关于完善关联申报和同期资料管理有关事项的公告》（国家税务总局公告2016年第42号）附件1、附件2

9. 填报《中华人民共和国企业年度关联业务往来汇总表》（G100000）的注意事项有哪些？

解 答

通过金税三期税收管理系统申报时，除"301 签订或者执行成本分摊协议"和"400 本年度准备同期资料"项目需手工勾选外，"100 关联交易信息""200 关联债资信息"和"300 成本分摊协议信息"的数据均能够根据其他表单数据汇总自动生成。

本表需重点关注以下勾稽关系：

"203 债资比例"栏 = "201 年度平均关联债权投资金额" ÷ "202 年度平均权益投资金额"，且该栏应当保留小数点后两位。

"301 签订或者执行成本分摊协议"栏 = 表 G000000"126 签订或者执行成本分摊协议"栏。

"302 本年度实际分摊成本金额"栏 = 表 G110000"200 参与方信息"中的第 1 行第 8 列，如签订多个成本分摊协议的为该栏的合计数。

"303 本年度加入支付金额"栏 = 表 G110000"200 参与方信息"中的第 1 行第 11 列，如签订多个成本分摊协议的为该栏的合计数。

"304 本年度退出补偿金额"栏 = 表 G110000"200 参与方信息"中的第 1 行第 14 列，如签订多个成本分摊协议的为该栏的合计数。

"400 本年度准备同期资料"栏 = 表 G000000"124 本年度准备同期资料"栏。

表中"203 债资比例"超过规定比例（金融企业 5：1，其他企业 2：1）的企业，可能需要准备"资本弱化特殊事项文档"。

关联债资比例 = 年度每月平均关联债权投资之和 ÷ 年度每月平均权益投资之和

填报时需注意本年度不得扣除利息支出不能直接采用"203 债资比例"计算。应按以下公式计算：

不得扣除利息支出 = 年度实际支付的全部关联方利息 × （1 − 标准比例 ÷ 关联债资比例）

标准比例，是指根据《财政部 国家税务总局关于企业关联方利息支出税前扣除标准有关税收政策问题的通知》（财税〔2008〕121 号）规定的接受关联方债权性投资与其权益性投资比例，金融企业为 5：1，其他企业为2∶1。

《中华人民共和国企业年度关联业务往来汇总表》（G100000）填报示例见表1-7。

表1-7 《中华人民共和国企业年度关联业务往来汇总表》（G100000）填报示例

单位：元

行次	关联交易类型	100 关联交易信息			交易总金额
		境外关联交易金额	境内关联交易金额	关联交易合计	
		1	2	3=1+2	4
1	有形资产所有权出让	220200000	260500000	480700000	480700000
2	有形资产所有权受让	53400000	120300000	170300000	170300000
3	无形资产所有权出让				
4	无形资产所有权受让				
5	有形资产使用权出让				
6	有形资产使用权受让				
7	无形资产使用权出让				
8	无形资产使用权受让				
9	金融资产出让				
10	金融资产受让				
11	融入资金利息支出		3600000		—
12	融出资金利息收入				—
13	提供劳务收入				
14	接受劳务支出				
15	交易合计=1+2+…+14	273600000	384400000	651000000	651000000
200 关联债资信息						

201 年度平均关联债权投资金额	202 年度平均权益投资金额	203 债资比例
28000000	262867750	10.65%

续表

300 成本分摊协议信息			
301 签订或者执行成本分摊协议	302 本年度实际分摊成本金额	303 本年度加入支付金额	304 本年度退出补偿金额
是□ 否☑			
400 本年度准备同期资料	主体文档□	本地文档☑ 特殊事项文档□	无□

依据

《国家税务总局关于完善关联申报和同期资料管理有关事项的公告》（国家税务总局公告 2016 年第 42 号）附件 1、附件 2

10. 填报《关联关系表》（G101000）的注意事项有哪些？

解答

本表不需要填报所有的关联方信息，只填报本报告年度所属期内与企业发生关联交易的关联方。例如，A 公司是 B 公司 100% 控股的外资企业，A 公司与 B 公司在 2021 年度未发生任何关联交易，因此，B 公司在 2021 年度填报《关联关系表》（G101000）时不需填写 A 公司信息。

第 6 列"关联关系类型"根据实际情况按照七种关联关系类型进行填写。一个关联方同时涉及多个关联关系类型的，应按照不同类型对应代码分多个栏次填写。

第 7 列"起始日期"和第 8 列"截止日期"应填报报告年度所属期间内构成关联关系的起止时间，年度内关联关系未发生变化的，填报告年度的起止时间。即关联关系在 2020 年内没有发生变化的，填报"起始日期"为 2020/01/01，"截止日期"为 2020/12/31。《关联关系表》（G101000）填报示例见表1-8。

表1-8　　《关联关系表》(G101000) 填报示例

行次	关联方名称	关联方类型	国家（地区）	证件种类	纳税人识别号或身份证件号码	关联关系类型①	起始日期	截止日期
	1	2	3	4	5	6	7	8
1	A（香港）有限公司	企业法人	*国	营业执照	***	A	2020/01/01	2020/12/31
2	D有限责任公司	企业法人	*国	营业执照	***	E	2020/07/01	2020/12/31
3	A（天津）有限责任公司	企业法人	中国	税务登记证	***	C	2020/01/01	2020/12/31
4	B有限责任公司	企业法人	中国	营业执照	***	A	2020/01/01	2020/12/31
5	F有限责任公司	企业法人	*国	营业执照	***	A	2020/01/01	2020/12/31

注：①此处的A-E关联关系类型依次对应股权关系、资金借贷关系、无形资产特许权控制、经营活动控制、管理层关系。

上例中，D公司由于自2020年7月1日起与A（湖北）有限责任公司存在管理层关系，因此关联关系起始日期为2020年7月1日。

依据

《国家税务总局关于完善关联申报和同期资料管理有关事项的公告》（国家税务总局公告2016年第42号）附件1、附件2

11. 填报《有形资产所有权交易表》（G102000）的注意事项有哪些？

解答

企业应在报告所属期内分境内、境外关联交易，按与关联方交易金额大小排序，顺序填写前5位的关联方名称、关联交易内容、交易金额和比例。同一类关联交易的关联方超过5个的，应将前5位关联方的情况各单独填列一行，同时将第6位（含）之后的所有关联交易金额的合计数填报在"其他关联方"一行。

企业如果在报告年度所属期内与同一关联方发生涉及多种交易内容的有形资产所有权出让或受让交易，则第3列"关联交易内容"可以根据企业实际情况选填多项。

解读

来料加工企业的主要关联交易是为关联方提供来料加工服务，并向关联方收取加工费，应填报《有形资产所有权交易表》（G102000）而不是《关联劳务表》（G108000）。其中"原材料—来料加工"按照企业年度进口报关价格计算填报，"产品（商品）—来料加工"按照企业年度出口报关价格计算填报。

例1-7　2020年A有限责任公司（注册地为湖北）未与非关联方发生交易，和关联方发生如下关联交易：向境外关联方C有限公司（注册地为香港）销售产品收入1.8亿元；从境外关联方F有限责任公司处取得来料加工原材料3200万元，加工后作价4000万元将产成品销售给 F 有限责任公司；向其他境外关联方销售产品取得收入 20 万元；向境内关联方 B 有限责任公司销售产品取得收入 2.6 亿元；从境外关联方 D 有限责任公司购进 2100 万元的固定资产；从其他境外关联方购进原材料价值 40 万元；从境内关联方 E 有限公司（注册地为天津）购进半成品 1.2 亿元；从其他境内关联方购进原材料 30 万元。A 有限责任公司《有形资产所有权交易表》（G102000）填报见表 1-9。

表 1-9 《有形资产所有权交易表》（G102000）填报示例　　　　单位：元

行次	关联交易类型	关联方名称	关联交易内容	交易金额	比例
		1	2	3	4	5
1	境外关联有形资产所有权出让（前5位）	C 有限公司	产品（商品）—其他	180000000	37.45%
2		F 有限责任公司	产品（商品）—来料加工	40000000	8.32%
3					
4					
5					
6	—	其他关联方	—	200000	0.04%
7	境外关联有形资产所有权出让小计			220200000	45.81%
8	境内关联有形资产所有权出让（前5位）	B 有限责任公司	产品（商品）—其他	260000000	54.09%
9					
10					
11					
12					
13	—	其他关联方	—	500000	0.10%

续表

行次	关联交易类型	关联方名称	关联交易内容	交易金额	比例
	1	2	3	4	5
14		境内关联有形资产所有权出让小计		260500000	54.19%
15		境内外关联和非关联有形资产所有权出让合计		480700000	100%
16	境外关联有形资产所有权受让（前5位）	F有限责任公司	原材料—来料加工	32000000	18.79%
17		D有限责任公司	固定资产—机器设备制造	21000000	12.33%
18					
19					
20					
21	—	其他关联方	—	400000	0.23%
22		境外关联有形资产所有权受让小计		53400000	31.36%
23	境内关联有形资产所有权受让（前5位）	E有限公司	原材料—半成品	120000000	70.46%
24					
25					
26					
27					
28	—	其他关联方	—	300000	0.18%
29		境内关联有形资产所有权受让小计		120300000	70.64%
30		境内外关联和非关联有形资产所有权受让合计		170300000	100%

依据

《国家税务总局关于完善关联申报和同期资料管理有关事项的公告》（国家税务总局公告2016年第42号）附件1、附件2

因《无形资产所有权交易表》（G103000）、《有形资产使用权交易表》（G104000）、《无形资产使用权交易表（G105000）》、《金融资产交易表》（G106000）、《关联劳务表》（G108000）填报方法与《有形资产所有权交易表》（G102000）类似，本书不再赘述。

12. 填报《融通资金表》(G107000) 的注意事项有哪些？

解答

资金融通包括各类长短期借贷资金（含集团资金池）、担保费、各类应计息预付款和延期收付款等。

《融通资金表》(G107000) 需逐笔填报报告所属期内与企业发生的所有关联融通资金交易的情况，若行数不够，可自行增行填列。

第 6 列"境外关联交易金额（利息）"和第 7 列"境内关联交易金额（利息）"，填报包括由于直接或间接取得关联债权投资而实际列支的利息、支付给关联方的关联债权性投资担保费或者抵押费、特别纳税调整重新定性的利息、融资租赁的融资成本、关联债权性投资有关的金融衍生工具或者协议的名义利息、取得的关联债权性投资产生的汇兑损益及其他具有利息性质的费用。

企业在年度内收回部分关联借出资金，剩余关联借出资金视同新一笔关联债权，重新填报。

例 1-8　A（湖北）有限责任公司因融资租赁从境外 D 有限责任公司融资 3200 万元，占用天数 180 天，支付利息 240 万元。A 有限责任公司《融通资金表》(G107000) 填报见表 1-10。

表1-10　　　　　　《融通资金表》(G107000) 填报示例　　　　　　单位：元

关联交易类型	关联方名称	关联交易内容	借贷金额	本年实际占用天数	境外关联交易金额（利息）	境内关联交易金额（利息）	年度平均关联债权投资金额
1	2	3	4	5	6	7	8
	D有限责任公司	融资租赁	32000000	180	2400000		—
							—
							—
							—
							—
							—
							—
							—
							—
	合计		—	—	2400000		—
关联融出资金（全部）							—
							—
							—
							—
							—
							—
							—
							—
							—
	合计		—	—			—

第一篇 关联申报

> 依 据

《国家税务总局关于完善关联申报和同期资料管理有关事项的公告》（国家税务总局公告 2016 年第 42 号）附件 1、附件 2

13. 填报《权益性投资表》（G109000）的注意事项有哪些？

> 解 答

本表适用于企业填报报告年度所属期间内获得或者存续的权益性投资情况。企业即使在报告年度内权益性投资没有发生变化，也应反映存续的权益性投资情况，因此，发生关联业务往来的企业一般均应填报《权益性投资表》（G109000）。

"100 权益性投资情况"中"所有者权益金额""实收资本（股本）金额""资本公积金额"应按当月《资产负债表》月初月末平均值填列，即（月初值＋月末值）÷2。

"100 权益性投资情况"第 1 列"所有者权益金额"不一定等于第 4 列"平均权益投资金额"。若所有者权益大于实收资本（股本）与资本公积之和，则权益投资为企业《资产负债表》所列示的所有者权益金额；若所有者权益小于实收资本（股本）与资本公积之和，则权益投资为实收资本与资本公积之和；若实收资本（股本）与资本公积之和小于实收资本（股本），则权益投资为实收资本（股本）金额。例如，A 公司 3 月份账载的所有者权益为 800 万元，实收资本为 650 万元，资本公积为 350 万元，则当月的权益投资金额为 1000 万元（650＋350）。

"200 权益性投资股息、红利分配情况"应填报年度内企业股东会或股东大会作出利润分配或转股决定分配的股息、红利情况，而不是企业年度实际分配股息、红利金额。因此企业在报告年度所属期内作出了利润分配决定，但实际未支付股息、红利，则需要填报本项。

分配给境外股东的股息、红利金额不一定与企业申报的"股息、红利所得"性质的非居民源泉扣缴申报金额一致。根据《国家税务总局关于非居民企业所得税源泉扣缴有关问题的公告》(国家税务总局公告2017年第37号)的规定，非居民企业取得应源泉扣缴的所得为股息、红利等权益性投资收益的，相关应纳税款扣缴义务发生之日为股息、红利等权益性投资收益实际支付之日；而本表中分配给境外股东的股息、红利金额按报告年度内企业股东会或股东大会作出利润分配或转股决定时确认，与实际支付扣缴税款的时间点存在差异，导致两者金额可能不一致。

《权益性投资表》(G109000) 填报示例见表1-11。

表1-11　　　　《权益性投资表》(G109000) 填报示例　　　　单位：元

行次	月份	100 权益性投资情况			
^	^	所有者权益金额	实收资本（股本）金额	资本公积金额	平均权益投资金额
^	^	1	2	3	4
1	1	270012000	210000000	5000000	270012000
2	2	270234000	210000000	5000000	270234000
3	3	270120000	210000000	5000000	270120000
4	4	243000090	210000000	5000000	243000090
5	5	240045000	210000000	5000000	240045000
6	6	240134600	210000000	5000000	240134600
7	7	262490000	210000000	5000000	262490000
8	8	260678000	210000000	5000000	260678000
9	9	260000000	210000000	5000000	260000000
10	10	260124000	210000000	5000000	260124000
11	11	260025000	210000000	5000000	260025000

续表

\multicolumn{6}{c}{100 权益性投资情况}
行次	月份	所有者权益金额	实收资本（股本）金额	资本公积金额	平均权益投资金额
		1	2	3	4
12	12	260730000	210000000	5000000	260730000
13	合计	—	—	—	262867750

\multicolumn{5}{c}{200 权益性投资股息、红利分配情况}
股息、红利金额	其中分配给境外股东股息、红利金额		其中分配给境内股东股息、红利金额	
	境外关联方股东	境外非关联方股东	境内关联方股东	境内非关联方股东
1 = 2 + 3 + 4 + 5	2	3	4	5

\multicolumn{5}{c}{300 权益性投资股息、红利分配给前 5 位股东情况}
行次	股东名称	股东类型	国家（地区）	股息、红利金额
1				
2				
3				
4				
5				

依据

《国家税务总局关于完善关联申报和同期资料管理有关事项的公告》（国家税务总局公告2016年第42号）附件1、附件2

第二篇　同期资料

14. 同期资料包括哪些类型？

解答

同期资料有三类，包括主体文档、本地文档和特殊事项文档。企业在满足报送相应条件时，就需要报送相应种类的同期资料给主管税务机关。具体报送条件见表2-1。

表2-1　　　　　　　　同期资料报送条件

同期资料类型	报送条件（具备其中之一即可）	豁免条件
主体文档	①年度发生跨境关联交易，且合并该企业财务报表的最终控股企业所属企业集团已准备主体文档 ②年度关联交易总额超过10亿元	企业仅与境内关联方发生关联交易的，可以不准备同期资料
本地文档	①有形资产所有权转让金额（来料加工业务按照年度进出口报关价格计算）超过2亿元 ②金融资产转让金额超过1亿元 ③无形资产所有权转让金额超过1亿元 ④其他关联交易金额合计超过4000万元	
特殊事项文档	①成本分摊协议特殊事项文档——企业签订或者执行成本分摊协议 ②资本弱化特殊事项文档——企业关联债资比例超过标准比例需要说明符合独立交易原则	

第二篇　同期资料

🔍 解读

企业只要满足其中一类文档的准备条件就要向主管税务机关报送相应的同期资料文档。企业如果同时满足三类同期资料的报送条件，则需要报送三类同期资料。

企业仅与境内关联方发生关联交易的，可以不准备同期资料。但当企业关联债资比例超过标准比例需要说明符合独立交易原则的，应当准备资本弱化特殊事项文档。

例2-1　A公司、B公司是中国居民企业，C公司是美国企业，且三者构成关联关系。

（1）如果2021年A公司仅与B公司发生关联交易事项，购买货物2.1亿元，那么根据同期资料特殊事项"企业仅与境内关联方发生关联交易的，可以不准备同期资料"的规定，A公司不需要准备同期资料。

（2）如果2021年A公司购买B公司货物1.9亿元，销售给C公司取得销售收入0.1亿元，达到本地文档"有形资产转让金额超过2亿元"的标准，且与境外关联方发生了关联交易而不符合豁免条件，A公司就需要报送本地文档。

本地文档中"有形资产所有权转让"包括境内外关联方有形资产所有权出让和受让的合计金额。即境外关联方有形资产所有权出让＋境外关联方有形资产所有权受让＋境内关联方有形资产所有权出让＋境内关联方有形资产所有权受让。

同时报送企业需要注意的是，企业仅与境内关联方发生关联交易的，可以不准备同期资料。但在确认上述同期资料相关文档的报送要求时，需要对境内外所有符合条件的关联交易金额进行加总并分别计算，不能因为境外关联交易金额未达到报送条件就认为无须报送相关文档，也不能因为某一类别的关联交易未达到报送要求就认定无须申报。

例 2-2　A 公司 2020 年与境内关联方发生货物采购业务，交易金额为 1 亿元，同时向境内关联方销售商品，取得销售收入 1.5 亿元；向境外关联方支付特许权使用费 600 万元，除此以外并未发生其他关联交易。尽管 A 公司与境外关联方发生的交易未达到 4000 万元的报送条件，但境内有形资产购销交易已超过 2 亿元的报送条件，此时 A 公司仍然需要就全部交易准备同期资料本地文档。

此外，根据《国家税务总局关于发布〈特别纳税调查调整及相互协商程序管理办法〉的公告》（国家税务总局公告 2017 年第 6 号）第二十八条规定，企业为境外关联方从事来料加工或者进料加工等单一生产业务，或者从事分销、合约研发业务，如出现亏损，无论是否达到同期资料准备标准，均应当就亏损年度准备同期资料本地文档。

企业可以免除报送同期资料的豁免条件还包括：企业执行预约定价安排的，可以不准备预约定价安排涉及关联交易的本地文档和特殊事项文档，仅需准备预约定价安排年度执行报告。但企业执行预约定价的关联交易不得从主体文档的关联交易中剔除。

依 据

《国家税务总局关于完善关联申报和同期资料管理有关事项的公告》（国家税务总局公告 2016 年第 42 号）第十一条、第十三条、第十五条和第十八条

《国家税务总局关于发布〈特别纳税调查调整及相互协商程序管理办法〉的公告》（国家税务总局公告 2017 年第 6 号）第二十八条

15. 分属不同税务机关管辖的集团企业如何报送同期资料主体文档？

解答

依照规定需要准备主体文档的企业集团，如果集团内企业分属两个以上税务机关管辖，可以选择任一企业主管税务机关主动提供主体文档。集团内其他企业被主管税务机关要求提供主体文档时，在向主管税务机关书面报告集团主动提供主体文档情况后，可免于提供。

解读

主动提供，是指在税务机关实施特别纳税调查前企业提供主体文档的情形。如果集团内一家企业被税务机关实施特别纳税调查并已按主管税务机关要求提供主体文档，集团内其他企业不能免于提供主体文档，但集团仍然可以选择其他任一企业提供。

依据

《国家税务总局关于明确同期资料主体文档提供及管理有关事项的公告》（国家税务总局公告2018年第14号）第一条

16. 同期资料准备、报送和保存的时限是如何规定的？

解答

同期资料的时限有三个：一是准备时限，即企业自行完成同期资料制作的时限；二是提交时限，即主管税务机关要求提交后，企业报送同期资料的期限；三是保存时限，即按照税法要求保存同期资料的期限。

解读

同期资料时限规定见表2-2。

表2-2　　　　　　　　　同期资料时限规定

同期资料类型	准备时限	提交时限	保存时限
主体文档	企业集团最终控股企业会计年度终了之日起12个月内	自税务机关要求之日起30日内	自税务机关要求的准备完毕之日起保存10年
本地文档	关联交易发生年度次年6月30日之前		
特殊事项文档			

注：企业因不可抗力无法按期提供同期资料的，应在不可抗力消除后30日内提供同期资料。

依据

《国家税务总局关于完善关联申报和同期资料管理有关事项的公告》（国家税务总局公告2016年第42号）第十九条、第二十条和第二十四条

17. 如果企业未准备同期资料会有哪些影响？

解答

准备包括本地文档在内的同期资料是企业的法定义务，企业在遵从法定申报及提交同期资料义务的同时，降低自身转让定价风险，也可以在税务机关启动转让定价调查且存在企业需补缴税款等特定情况下，只按照基准利率加收利息，从而降低合规成本。

解读

被税务机关重点关注：国家税务总局公告 2017 年第 6 号规定，税务机关实施特别纳税调查时，应重点关注"未按照规定进行关联申报或者准备同期资料"的企业。同时，对于未履行关联业务往来申报义务的企业，税务机关也不会与其进行预约定价谈签。

罚款：经济合作与发展组织（OECD）部分国家及中国香港针对企业未按时提交本地文档的情形，明确规定一定金额的罚款。以中国香港为例，满足条件的企业需要同时准备主体文档和本地文档，如未能及时或按要求准备，企业有可能面临 5 万元的罚款。中国转让定价法律法规没有对未及时按照要求准备本地文档的行为处以明确的罚款，但根据《中华人民共和国税收征收管理法》（以下简称《税收征收管理法》，"依据"内容除外）的规定，纳税人未按照规定的期限办理纳税申报和报送纳税资料的，或者扣缴义务人未按照规定的期限向税务机关报送代扣代缴、代收代缴税款报告表和有关资料的，由税务机关责令限期改正，可以处 2000 元以下的罚款；情节严重的，可以处 2000 元以上 10000 元以下的罚款。

加收利息：税务机关对企业实施特别纳税调整的情况下，应当根据《中华人民共和国企业所得税法》（以下简称《企业所得税法》）及其实施条例的有关规定，对2008年1月1日以后发生交易补征的企业所得税按日加收利息，利率按照税款所属纳税年度12月31日公布的与补税期间同期的中国人民银行人民币贷款基准利率（以下简称基准利率）加5个百分点计算，并按照一年365天折算日利息率。企业按照有关规定提供同期资料及有关资料的，或者按照有关规定不需要准备同期资料但根据税务机关要求提供其他相关资料的，可以只按照基准利率加收利息。

依据

《中华人民共和国税收征收管理法》第六十二条

《国家税务总局关于发布〈特别纳税调查调整及相互协商程序管理办法〉的公告》（国家税务总局公告2017年第6号）第四条、第四十四条

18. 主体文档主要包括哪些内容？

解答

主体文档主要披露最终控股企业所属企业集团的全球业务整体情况，具体内容见表2-3。

表 2-3   主体文档的内容

内容	内容具体说明
组织架构	以图表形式说明企业集团的全球组织架构、股权结构和所有成员实体的地理分布
企业集团业务	①企业集团业务描述，包括利润的重要价值贡献因素
	②企业集团营业收入前5位以及占营业收入超过5%的产品或者劳务的供应链及其主要市场地域分布情况
	③企业集团除研发外的重要关联劳务及简要说明。说明内容包括主要劳务提供方提供劳务的胜任能力、分配劳务成本以及确定关联劳务价格的转让定价政策
	④企业集团内各成员实体主要价值贡献分析，包括执行的关键功能、承担的重大风险，以及使用的重要资产
	⑤企业集团会计年度内发生的业务重组，产业结构调整，集团内企业功能、风险或者资产的转移
	⑥企业集团会计年度内发生的企业法律形式改变、债务重组、股权收购、资产收购、合并、分立等
无形资产	①企业集团开发、应用无形资产及确定无形资产所有权归属的整体战略，包括主要研发机构所在地和研发管理活动发生地及其主要功能、风险、资产和人员情况
	②企业集团对转让定价安排有显著影响的无形资产或者无形资产组合，以及对应的无形资产所有权人
	③企业集团内各成员实体与其关联方的无形资产重要协议清单。重要协议包括成本分摊协议、主要研发服务协议和许可协议等
	④企业集团内与研发活动及无形资产相关的转让定价政策
	⑤企业集团会计年度内重要无形资产所有权和使用权关联转让情况，包括转让涉及的企业、国家以及转让价格等
融资活动	①企业集团内部各关联方之间的融资安排以及与非关联方的主要融资安排
	②企业集团内提供集中融资功能的成员实体情况，包括其注册地和实际管理机构所在地
	③企业集团内部各关联方之间融资安排的总体转让定价政策
财务与税收状况	①企业集团最近一个会计年度的合并财务报表
	②企业集团内各成员实体签订的单边预约定价安排、双边预约定价安排以及涉及国家之间所得分配的其他税收裁定的清单及简要说明
	③报送国别报告的企业名称及其所在地

解读

主体文档相对于国别报告更加具体，主要披露最终控股企业所属企业集团的全球业务整体情况，包括组织构架、企业集团业务、无形资产、融资活动和财务与税务状况内容。这些内容往往不被集团各个企业主管税务机关掌握和了解，主体文档有助于税务机关评估企业的跨境关联交易风险。跨国公司在准备主体文档时，除了遵守时限要求外，还应注意与国别报告、本地文档和财务报告等资料保持一致。

依据

《国家税务总局关于完善关联申报和同期资料管理有关事项的公告》（国家税务总局公告2016年第42号）第十二条

19. 本地文档主要包括哪些内容？

解答

本地文档主要披露企业关联交易的详细信息，具体内容见表2－4。

表2－4 本地文档的内容

内容	内容具体说明
企业概况	①组织结构
	②管理架构
	③业务描述
	④经营策略
	⑤财务数据
	⑥涉及本企业或者对本企业产生影响的重组或者无形资产转让情况，以及对本企业的影响分析
关联关系	①关联方信息
	②上述关联方适用的具有所得税性质的税种、税率及相应可享受的税收优惠
	③本会计年度内，企业关联关系的变化情况

续表

内容	内容具体说明	
关联交易	①关联交易概况	关联交易描述和明细
		关联交易流程
		功能风险描述
		交易定价影响要素
		关联交易数据
	②价值链分析	企业集团内业务流、物流和资金流
		上述各环节参与方最近会计年度的财务报表
		地域特殊因素对企业创造价值贡献的计量及其归属
		企业集团利润在全球价值链条中的分配原则和分配结果
	③对外投资	对外投资基本信息
		对外投资项目概况
		对外投资项目数据
	④关联股权转让	股权转让概况
		股权转让标的的相关信息
		尽职调查报告或者资产评估报告等与股权转让相关的其他信息
	⑤关联劳务	关联劳务概况
		劳务成本费用的归集方法、项目、金额、分配标准、计算过程及结果等
		企业及其所属企业集团与非关联方存在相同或者类似劳务交易的，还应当详细说明关联劳务与非关联劳务在定价原则和交易结果上的异同
	⑥预约定价安排和其他相关税收裁定	与企业关联交易直接相关的，中国以外其他国家税务主管当局签订的预约定价安排和作出的其他税收裁定
可比性分析	①可比性分析考虑的因素	
	②可比企业执行的功能、承担的风险以及使用的资产等相关信息	
	③可比对象搜索方法、信息来源、选择条件及理由	
	④所选取的内部或者外部可比非受控交易信息和可比企业的财务信息	
	⑤可比数据的差异调整及理由	

续表

内容	内容具体说明
转让定价方法的选择和使用	①被测试方的选择及理由
	②转让定价方法的选用及理由
	③确定可比非关联交易价格或者利润的过程中所做的假设和判断
	④运用合理的转让定价方法和可比性分析结果,确定可比非关联交易价格或者利润
	⑤其他支持所选用转让定价方法的资料
	⑥关联交易定价是否符合独立交易原则的分析及结论

解读

本地文档主要披露企业关联交易的详细信息,包括企业概括、关联关系、关联交易、可比性分析、转让定价方法的选择和使用内容。相对于主体文档,本地文档聚焦单个企业的关联交易,是税务机关和企业分析评价关联交易合理性的最重要的资料文档。跨国公司在准备本地文档时,除了遵守时限要求外,还应注意与国别报告、主体文档和财务报告等资料内容保持一致。

依据

《国家税务总局关于完善关联申报和同期资料管理有关事项的公告》(国家税务总局公告2016年第42号)第十四条

20. 特殊事项文档主要包括哪些内容？

解答

特殊事项文档包括成本分摊协议特殊事项文档和资本弱化特殊事项文档两类。企业签订或执行成本分摊协议的，应当准备成本分摊协议特殊事项文档；企业关联债资比例超过标准比例需要说明符合独立交易原则的，应当准备资本弱化特殊事项文档。

解读

（1）成本分摊协议特殊事项文档包括以下内容：
①成本分摊协议副本。
②各参与方之间达成的为实施成本分摊协议的其他协议。
③非参与方使用协议成果的情况、支付的金额和形式，以及支付金额在参与方之间的分配方式。
④本年度成本分摊协议的参与方加入或者退出的情况，包括加入或者退出的参与方名称、所在国家和关联关系，加入支付或者退出补偿的金额及形式。
⑤成本分摊协议的变更或者终止情况，包括变更或者终止的原因、对已形成协议成果的处理或者分配。
⑥本年度按照成本分摊协议发生的成本总额及构成情况。
⑦本年度各参与方成本分摊的情况，包括成本支付的金额、形式和对象，作出或者接受补偿支付的金额、形式和对象。
⑧本年度协议预期收益与实际收益的比较以及由此作出的调整。

⑨预期收益的计算,包括计量参数的选取、计算方法和改变理由。

(2)资本弱化特殊事项文档包括以下内容:

①企业偿债能力和举债能力分析。

②企业集团举债能力及融资结构情况分析。

③企业注册资本等权益投资的变动情况说明。

④关联债权投资的性质、目的及取得时的市场状况。

⑤关联债权投资的货币种类、金额、利率、期限及融资条件。

⑥非关联方是否能够并且愿意接受上述融资条件、融资金额及利率。

⑦企业为取得债权性投资而提供的抵押品情况及条件。

⑧担保人状况及担保条件。

⑨同类同期贷款的利率情况及融资条件。

⑩可转换公司债券的转换条件。

⑪其他能够证明符合独立交易原则的资料。

依据

《国家税务总局关于完善关联申报和同期资料管理有关事项的公告》(国家税务总局公告2016年第42号)第十五条至第十七条

第三篇　转让定价管理

21. 什么是转让定价管理？

解答

转让定价管理，是指税务机关按照《企业所得税法》第六章和《税收征收管理法》第三十六条的有关规定，对企业与其关联方之间的业务往来是否符合独立交易原则进行审核评估和调查调整等工作的总称。

解读

转让定价，是指关联企业在销售商品、转让技术、提供劳务或资金等交易中的定价行为。企业与其关联方之间的业务往来，不符合独立交易原则而减少企业或者其关联方应纳税收入或者所得额的，税务机关有权按照合理方法调整。

《企业所得税法》第四十一条所称关联方，是指与企业有下列关联关系之一的企业、其他组织或者个人：①在资金、经营、购销等方面存在直接或者间接的控制关系；②直接或者间接地同为第三者控制；③在利益上具有相关联的其他关系。

依据

《国家税务总局关于印发〈特别纳税调整实施办法（试行）〉的通知》（国税发〔2009〕2号）第三条

22. 什么是独立交易原则？

解答

独立交易原则，是指没有关联关系的交易各方，按照公平成交价格和营业常规进行业务往来遵循的原则。

解读

当两个关联企业之间商业或财务关系达成或施加的交易条件不同于独立企业之间商业或财务关系达成或施加的交易条件，并且由于这些条件的存在，导致其中一个企业没有取得本应取得的利润，则可以将这部分利润计入该企业的所得，并据以征税。独立交易原则通过参照独立企业之间商业或财务关系达成或施加的交易条件，对关联企业的利润进行调整。

依据

《中华人民共和国企业所得税法实施条例》第一百一十条

《OECD税收协定范本》第九条

第三篇　转让定价管理

23. 什么是可比性分析？

解答

可比性分析，是指受控交易与非受控交易的比较。如果受控交易与非受控交易之间的差异不会对转让定价方法中所考察的因素（如价格或利润）产生重大影响，或者可以通过合理而准确的调整来消除这些差异所产生的重大影响，那么，受控交易与非受控交易就是可比的，可以基于可比非受控交易评估受控交易是否符合独立交易原则。

解读

税务机关实施转让定价调查时，应当进行可比性分析，可比性分析一般包括以下五个方面。税务机关可以根据案件情况选择具体分析内容：

（1）交易资产或者劳务特性，包括有形资产的物理特性、质量、数量等；无形资产的类型、交易形式、保护程度、期限、预期收益等；劳务的性质和内容；金融资产的特性、内容、风险管理等。

（2）交易各方执行的功能、承担的风险和使用的资产。功能包括研发、设计、采购、加工、装配、制造、维修、分销、营销、广告、存货管理、物流、仓储、融资、管理、财务、会计、法律及人力资源管理等；风险包括投资风险、研发风险、采购风险、生产风险、市场风险、管理风险及财务风险等；资产包括有形资产、无形资产、金融资产等。

（3）合同条款，包括交易标的、交易数量、交易价格、收付款方式和条件、交货条件、售后服务范围和条件、提供附加劳务的约定、变更或者修改合同内容的权利、合同有效期、终止或者续签合同的权利等。合同条款分析应当关注企业执行合同的能力与行为，以及关联方之间签署合同条款的可信度等。

（4）经济环境，包括行业概况、地理区域、市场规模、市场层级、市场占有率、市场竞争程度、消费者购买力、商品或者劳务可替代性、生产要素价格、运输成本、政府管制，以及成本节约、市场溢价等地域特殊因素。

（5）经营策略，包括创新和开发、多元化经营、协同效应、风险规避及市场占有策略等。

OECD发布的《跨国企业与税务机关转让定价指南（2022）》描述了进行可比性分析的典型过程：

步骤1：确定涉及的年份。

步骤2：对纳税人情况的广泛分析。

步骤3：尤其要从功能分析角度出发来理解受测受控交易，从而选择受测试方（如需要）、确定最恰当的转让定价方法及在交易净利润法下受测的财务指标，并确认必要的重大可比性影响因素。

步骤4：审查可能存在的内部可比交易。

步骤5：当需要考虑外部可比交易时，确认相关交易可获得的数据源，并考虑其相对的可靠性。

步骤6：选择最恰当的转让定价方法，基于该方法确定相关的财务指标（如在交易净利润法下确定相关净利润指标）。

步骤7：识别潜在可比交易，即基于步骤3中所述的相关因素和可比性因素，确定潜在可比的非受控交易需满足的关键特征。

步骤8：如有需要，确定并进行可比性调整。

步骤9：解释并应用已收集的数据，确定符合独立交易原则的合理报酬区间。

《跨国企业与税务机关转让定价指南（2022）》在给出上述典型过程的

同时也指出,"结果的可靠性比过程更重要"。应用上述典型过程并不能保证得出的结果一定符合独立交易原则,反之亦然。也就是说,是否应用典型过程与是否得到符合独立交易原则的结果之间并不存在必然的因果关系。因此,任何能够识别符合独立交易原则的可比交易的过程,都是可以接受的。

依据

《中华人民共和国税收征收管理法实施细则》第五十六条

《中华人民共和国企业所得税法实施条例》第一百二十三条

《国家税务总局关于发布〈特别纳税调查调整及相互协商程序管理办法〉的公告》(国家税务总局公告 2017 年第 6 号)第十五条、第二十三条、第二十四条、第二十八条、第二十九条

《跨国企业与税务机关转让定价指南(2022)》(OECD Transfer Pricing Guidelines for Multinational Enterprises and Tax Administrations 2022)

24. 如何选择恰当的转让定价方法?

解答

转让定价方法包括可比非受控价格法、再销售价格法、成本加成法、交易净利润法、利润分割法和其他符合独立交易原则的方法。对企业关联交易进行分析评估时,应当在可比性分析的基础上,选择合理的转让定价方法。转让定价方法的选择没有先后顺序,选择的基本原则就是选择最适合某一案件具体情况的方法。

解读

每一种转让定价方法都有自己的优缺点、适用条件和应用范围，选择转让定价方法时有必要先对这些方法有充分的了解，以便在选择时可以扬长避短。转让定价方法优缺点分析见表3-1。

表3-1　　　　　　　　转让定价方法优缺点分析

转让定价方法	优点	缺点
可比非受控价格法	①是最直观的方法； ②适用于所有类型的关联交易	①可比非关联交易难以获取； ②差异调整比较困难
再销售价格法	①受交易资产特性影响较小； ②能有效解决再销售方未对产品有实质性增值时的转让定价问题	①适用范围有限； ②只考虑了交易一方的利润率
成本加成法	①受交易资产特性影响较小； ②为销售半成品、提供劳务等关联交易提供了有效解决方案	①适用范围有限； ②只考虑了交易一方的利润率； ③对成本费用可比性要求高，但相关信息难以获取
交易净利润法	①对交易可比性差异的包容性相对较强，适用范围比较广； ②应用相对简便	①结论的可靠性相对其他方法较弱； ②只考虑了交易一方的利润率
利润分割法	①同时考虑了交易各方的情况； ②能较好解决高度整合交易中的利润分配问题	①境外关联方的信息难以获取； ②需在统一口径下衡量交易各方的收入、成本、费用等信息，操作难度大

充分了解关联交易，包括交易资产与劳务的特性、交易各方的功能风险、企业所处的经济环境等，也是选择最适合转让定价方法的前提条件。因为这些都有可能影响到所选择的方法是否合适。

是否能够获取足够的可比信息，也是选择转让定价方法时需要考虑的一个问题。所有的转让定价方法都要靠可比信息来支撑，如果无法获取足够的某一方法所需要的可比信息，可能就需要考虑选择其他方法。例如，当第三方价格、成本等信息难以获取时，可比非受控价格法和成本加成法就很难发挥其作用，选择交易净利润法可能相对更加可靠。

选择转让定价方法时还有一点需要考虑的是，受测关联交易与可比非关联交易之间的可比程度，包括需要进行调整的实质性差异的数量及差异调整的可靠性。

除了上面提到的转让定价方法外，在满足独立交易原则的前提下，也可以选择其他合适的转让定价方法。但必须说明上述方法不能适用的原因，以及选择其他方法更为合理的理由。

依 据

《中华人民共和国企业所得税法》第四十一条

《中华人民共和国企业所得税法实施条例》第一百一十一条

《国家税务总局关于发布〈特别纳税调查调整及相互协商程序管理办法〉的公告》（国家税务总局公告 2017 年第 6 号）第十六条

25. 什么是可比非受控价格法？

解 答

可比非受控价格法，是指以非关联方之间进行的与关联交易相同或者类似业务活动所收取的价格作为关联交易的公平成交价格。可比非受控价格法可以适用于所有类型的关联交易。

解 读

《跨国企业与税务机关转让定价指南（2022）》指出："在可能找到可

比非受控交易的情况下,可比非受控价格法是应用独立交易原则最直接、最可靠的方法"。因此在信息足够透明,能够找到可靠的可比非受控价格的情况下,例如企业存在没有差异的内部可比交易的情况下,可以优先选择可比非受控价格法。

因为产品本身的价值对其销售价格起决定性作用,所以运用可比非受控价格法时,最关键的可比因素应该是交易资产或劳务特性。有时,即使很小的产品差异都有可能导致价格的差别。例如,同一个果园生长的水果,销售时可能会被分成不同品质卖出不同价格,即使是相同品质,大果和小果的价格有时也会不同。又如,颜色通常不会对产品价格产生影响,但在手机和汽车销售中,也常出现某种颜色比其他颜色价格更高的情况。

此外,会对价格产生较大直接影响的经济环境、经营策略、合同条款等,也是关注的重点。例如,在服装配饰行业,品牌对价格的影响可能是巨大的;企业采取市场渗透策略时,价格通常会低于同行业正常水平;购买数量大到一定程度时,通常会得到折扣等。

可比非受控价格法对可比性的要求非常高,要求在交易的各个方面都具有可比性。《国家税务总局关于发布〈特别纳税调查调整及相互协商程序管理办法〉的公告》(国家税务总局公告2017年第6号)第十七条针对不同类型的交易,列举出了可比性分析过程中应重点关注的因素。列举出的因素不存在重大差异的,可以认为是可比交易;列举出的因素存在重大差异的,应当就该差异对价格的影响进行合理调整;无法合理调整的,应当选择其他合理的转让定价方法。

实际运用时,如果被测试企业的同类产品或服务,既有关联交易又有非关联交易,优先适用其与非关联方的交易价格。若没有同类非关联交易,可从对价格影响程度最低的因素开始,逐步对差异进行调整,去寻找可比非关联交易。

因为完全可比的非关联交易很难找到,并且有些实质性差异很难进行可靠的量化调整,所以实践中可比非受控价格法运用的并不多。该方法多用于企业存在可比内部非关联交易的情况,或用于对有公开市场报价的大宗商品交易的调查调整,以及对费率水平的调查调整。例如,企业之间的资金拆借现象较为普遍,一些关联企业可能通过无偿拆借资金,将利润转移到低税负的企业。对于此类避税问题,我国税务机关可能会参考可比的同期同类贷款利率水平进行调整,这种调整方法实际上就是可比非受控价格法。

可比非受控价格法的可比性分析,应当按照不同交易类型,特别考察关联交易与非关联交易中交易资产或者劳务的特性、合同条款、经济环境和经营策略上的差异:

(1) 有形资产使用权或者所有权的转让,包括:①转让过程,包括交易时间与地点、交货条件、交货手续、支付条件、交易数量、售后服务等;②转让环节,包括出厂环节、批发环节、零售环节、出口环节等;③转让环境,包括民族风俗、消费者偏好、政局稳定程度,以及财政、税收、外汇政策等;④有形资产的性能、规格、型号、结构、类型、折旧方法等;⑤提供使用权的时间、期限、地点、费用收取标准等;⑥资产所有者对资产的投资支出、维修费用等。

(2) 金融资产的转让,包括金融资产的实际持有期限、流动性、安全性、收益性。其中,股权转让交易的分析内容包括公司性质、业务结构、资产构成、所属行业、行业周期、经营模式、企业规模、资产配置和使用情况、企业所处经营阶段、成长性、经营风险、财务风险、交易时间、地理区域、股权关系、历史与未来经营情况、商誉、税收利益、流动性、经济趋势、宏观政策、企业收入和成本结构及其他因素。

(3) 无形资产使用权或者所有权的转让,包括:①无形资产的类别、用途、适用行业、预期收益;②无形资产的开发投资、转让条件、独占程度、可替代性、受有关国家法律保护的程度及期限、地理位置、使用年限、研发阶段、维护改良及更新的权利、受让成本和费用、功能风险情况、摊销方法以及其他影响其价值发生实质变动的特殊因素等。

（4）资金融通，包括融资的金额、币种、期限、担保、融资人的资信、还款方式、计息方法等。

（5）劳务交易，包括劳务性质、技术要求、专业水准、承担责任、付款条件和方式、直接和间接成本等。关联交易与非关联交易在以上方面存在重大差异的，应当就该差异对价格的影响进行合理调整，无法合理调整的，应当选择其他合理的转让定价方法。

依 据

《中华人民共和国企业所得税法》第四十一条

《中华人民共和国企业所得税法实施条例》第一百一十一条

《国家税务总局关于发布〈特别纳税调查调整及相互协商程序管理办法〉的公告》（国家税务总局公告2017年第6号）第十七条

《跨国企业与税务机关转让定价指南（2022）》（OECD Transfer Pricing Guidelines for Multinational Enterprises and Tax Administrations 2022）

26. 什么是再销售价格法？

解 答

再销售价格法，是指以关联方购进商品再销售给非关联方的价格减去可比非关联交易毛利后的金额作为关联方购进商品的公平成交价格。一般适用于再销售者未对商品进行改变外形、性能、结构或者更换商标等实质性增值加工的简单加工或者单纯购销业务。

其计算公式如下：

公平成交价格＝再销售给非关联方的价格×（1－可比非关联交易毛利率）

可比非关联交易毛利率＝可比非关联交易毛利÷可比非关联交易收入净额×100%

解读

再销售价格法的可比性分析，应当特别考察关联交易与非关联交易中企业执行的功能、承担的风险、使用的资产和合同条款上的差异，以及影响毛利率的其他因素，具体包括营销、分销、产品保障及服务功能，存货风险，机器、设备的价值及使用年限，无形资产的使用及价值，有价值的营销型无形资产，批发或者零售环节，商业经验，会计处理及管理效率等。关联交易与非关联交易在以上方面存在重大差异的，应当就该差异对毛利率的影响进行合理调整，无法合理调整的，应当选择其他合理的转让定价方法。

例如，关联企业A将产品销售给关联企业B，关联企业B未对产品进行实质性增值加工，将产品销售给非关联第三方。在这一个销售链条中，第一笔交易的价格因受控而可能不公允，第二笔交易因为非受控被认为是公允价格。又因为关联企业B在整个链条中执行的功能相对简单，我们可以选择关联企业B作为被测试企业，寻找与之执行同样功能的企业，将两者取得的毛利率进行对比。如果关联企业B的毛利率高于可比企业的毛利率，则可以认为关联企业B向非关联第三方销售商品的价格，扣除可比企业毛利率及相关费用后的价格，是关联企业A将产品销售给关联企业B的独立交易价格。交易类型与交易价格关系见图3-1。

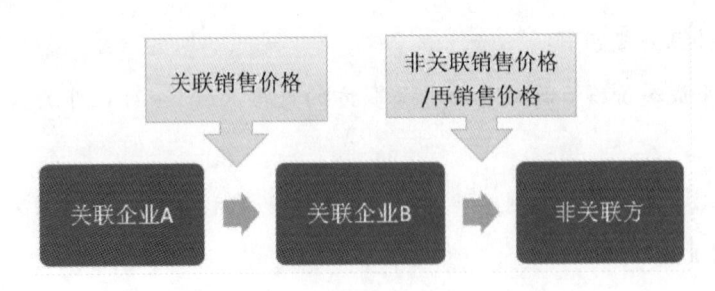

图 3-1 交易类型与交易价格关系

例 3-1 关联企业 A 将产品销售给被测试关联企业 B 的价格为 10 万元,关联企业 B 将产品销售给非关联第三方的价格是 20 万元,毛利率为 50%,可能不符合独立交易原则。通过了解可比企业得知,合理的毛利水平是 20%,则关联企业 B 销售该产品的合理毛利为 20×20%=4 万元,可以得出关联企业 A 销售给关联企业 B 的价格 16 万元(20-4)为合理的独立交易价格。

决定是否选择再销售价格法时,最关键的因素是再销售企业有没有在实质上增加产品的价值。例如,购入零件后直接销售则没有增加产品的价值,如将购入的零件加工成成品或半成品则完全改变了产品的属性。一般来说,再销售企业承担的功能越简单,从购入产品到再销售产品之间的时间越短,运用再销售价格法的准确度越高。

运用再销售价格法时,第一步是确定再销售价格,第二步是寻找可比企业确定再销售毛利,第三步是计算公平成交价格。其中,第二步是工作的重点。

寻找可比交易时,如果被测试企业本身存在可比非受控交易,即该部分商品购销均为非关联交易,可以优先将该可比非受控交易的毛利率作为再销售毛利率。

相比较可比非受控价格法,再销售价格法更关注功能而不是产品的可比性。因为再销售价格法是通过测试合理的毛利水平,从而获得合理的关联交易价格。毛利率是扣除为执行具体功能而发生的销售成本后得到的总体补偿,在市场经济的环境下执行类似功能所获得的补偿趋于相同,产品的差异对产品毛利的影响,相对而言比对产品价格的影响要小。因此,再销售价格法更多考虑的是执行功能的可比性。需要注意的是,当交易涉及的产品包含价值较高的无形资产时,产品的可比性仍需特别关注。

另外,是否拥有对产品的独家销售权会对毛利率水平产生较大影响,这项因素也是运用再销售价格法时需要特别注意的。

依 据

《中华人民共和国企业所得税法》第四十一条

《中华人民共和国企业所得税法实施条例》第一百一十一条

《国家税务总局关于发布〈特别纳税调查调整及相互协商程序管理办法〉的公告》(国家税务总局公告2017年第6号)第十八条

27. 什么是成本加成法?

解 答

成本加成法,是指以关联交易发生的合理成本加上可比非关联交易毛利后的金额作为关联交易的公平成交价格。一般适用于有形资产使用权或者所有权的转让、资金融通、劳务交易等关联交易。

其计算公式如下:

公平成交价格 = 关联交易发生的合理成本 ×(1 + 可比非关联交易成本加成率)

可比非关联交易成本加成率 = 可比非关联交易毛利 ÷ 可比非关联交易成本 × 100%

解读

成本加成法的可比性分析，应当特别考察关联交易与非关联交易中企业执行的功能、承担的风险、使用的资产和合同条款上的差异，以及影响成本加成率的其他因素，具体包括制造、加工、安装及测试功能，市场及汇兑风险，机器、设备的价值及使用年限，无形资产的使用及价值，商业经验，会计处理，生产及管理效率等。关联交易与非关联交易在以上方面存在重大差异的，应当就该差异对成本加成率的影响进行合理调整，无法合理调整的，应当选择其他合理的转让定价方法。

相比较可比非受控价格法，成本加成法更关注功能而不是产品的可比性，这一点与再销售价格法相似。不同的是，再销售价格法更关注与销售活动相关的营销、分销等功能，而成本加成法则更关注与成本关联更密切的制造、加工、提供劳务等功能。除功能风险外，所有可能影响成本加成率的因素也都需要进行考察。

成本加成法以成本为基础，被加成的成本应该是受测关联交易的历史实际成本，包括固定成本和变动成本。由于原材料、人工成本等经常会发生变化，精确计算某一产品或服务的历史实际成本会很难，根据具体情况采用平均数、加权平均数等都是可以接受的。

考虑成本加成法的可比性时，会计处理方法的一致性是需要被重点考虑的。各国会计制度不尽相同，同一国家的企业也可能执行不同的会计准则，即使执行同一种会计准则的企业，也有可能因为各种原因，在会计核算时存在差别。运用成本加成法时，必须保证可比非关联交易中的成本核算与受测关联交易的成本核算口径是一致的。同时，作为加成额的毛利也必须按一致的方法来衡量。如果存在不一致的情况，就需要对数据进行调整来消除这些差异带来的影响。

企业之间的生产效率差异也会对成本加成法的运用产生影响。这是因为一般情况下，生产效率越高的企业单位生产成本越低，如果两家企业的生产效率差异过大，则需要采取合理方法来进行差异调整。

依 据

《中华人民共和国企业所得税法》第四十一条

《中华人民共和国企业所得税法实施条例》第一百一十一条

《国家税务总局关于发布〈特别纳税调查调整及相互协商程序管理办法〉的公告》（国家税务总局公告 2017 年第 6 号）第十九条

28. 什么是交易净利润法？

解 答

交易净利润法，是指以可比非关联交易的利润指标确定关联交易的利润。利润指标包括息税前利润率、完全成本加成率、资产收益率、贝里比率等。一般适用于不拥有重大价值无形资产企业的有形资产使用权或者所有权的转让和受让、无形资产使用权受让，以及劳务交易等关联交易。

其计算公式如下：

息税前利润率＝息税前利润÷营业收入×100%

完全成本加成率＝息税前利润÷完全成本×100%

资产收益率＝息税前利润÷〔（年初资产总额＋年末资产总额）÷2〕×100%

贝里比率＝毛利÷（营业费用＋管理费用）×100%

利润指标的选取应当反映交易各方执行的功能、承担的风险和使用的资产。利润指标的计算以企业会计处理为基础，必要时可以对指标口径进行合理调整。

解读

交易净利润法的可比性分析，应当特别考察关联交易与非关联交易中企业执行的功能、承担的风险和使用的资产，经济环境上的差异，以及影响利润的其他因素，具体包括行业和市场情况，经营规模，经济周期和产品生命周期，收入、成本、费用和资产在各交易间的分配，会计处理及经营管理效率等。关联交易与非关联交易在以上方面存在重大差异的，应当就该差异对利润的影响进行合理调整，无法合理调整的，应当选择其他合理的转让定价方法。

与再销售价格法和成本加成法相比，交易净利润法考察的是息税前利润指标而不是毛利（贝里比率除外）。因为企业所执行的功能通常反映在费用上，所以即使是毛利率差异很大的企业，也可能有大致相同的息税前利润水平。也正因如此，受测关联交易和可比非关联交易之间的某些功能上的差异，对交易净利润法的影响要比对再销售价格法和成本加成法两种方法的影响小。

交易净利润法的另一个优点，是仅须对受测企业一方的净利润指标进行考察，因而当企业的关联交易比较复杂，或者交易对方的信息难以获取时，交易净利润法操作起来更为方便。

与再销售价格法和成本加成法相比，交易净利润法对交易之间差异的包容性更强。选择可比性更强的可比对象，尽可能消除差异，对差异进行可靠的调整，都有利于使运用交易净利润法的结果更可靠。

当关联交易涉及重大无形资产时，交易净利润法会变得不可靠，特别是当交易各方都对无形资产做出了独特贡献的时候。但是如果所有高附加值贡献都是交易一方做出的，可以尝试选择未做出独特贡献的那一方为受测方，适用交易净利润法。

运用交易净利润法时，应该结合具体情况，基于交易本质，选择最适合的净利润指标，以使结果更符合独立交易原则。具体情况包括功能风险、差异调整的可靠程度以及可比数据的可获得性等。

息税前利润率指标的分子是息税前利润，分母是营业收入，这就意味着受测方的营业收入应该是相对可靠的，受到关联交易的影响较小。

完全成本加成率指标的分子是息税前利润，分母是完全成本（营业成本＋税金及附加＋销售费用＋管理费用），这就意味着受测方的完全成本应该是相对可靠的，受到关联交易的影响较小。

资产收益率指标的分子是息税前利润，分母是年度平均资产总额，这就意味着受测方的获利水平应该与其资产规模密切相关。

贝里比率指标的分子是毛利，分母是销售费用和管理费用，这意味着受测方的获利水平应该与销售费用和管理费用密切相关。

无论选择哪种净利润指标，都需要注意受测企业和可比企业的财务数据口径必须保持一致。

依 据

《中华人民共和国企业所得税法》第四十一条

《中华人民共和国企业所得税法实施条例》第一百一十一条

《国家税务总局关于发布〈特别纳税调查调整及相互协商程序管理办法〉的公告》（国家税务总局公告2017年第6号）第二十条

29. 什么是利润分割法？

解答

利润分割法，是指根据企业与其关联方对关联交易合并利润（实际或者预计）的贡献计算各自应当分配的利润额。一般适用于企业及其关联方均对利润创造具有独特贡献，业务高度整合且难以单独评估各方交易结果的关联交易。

解读

利润分割法最大的优点是，在经营高度整合的情况下提供了有效的解决方案。在高度整合的交易中，交易参与各方都做出了独特的有价值的贡献，其他转让定价方法往往不能可靠地分析出交易各方的应得利润，利润分割法根据价值贡献的特点选择指标，将总体利润在交易各方之间进行分割。很多独立企业之间在进行类似高度整合的经营合作时，也会采取类似的利润分割方法。

利润分割法的另一个优点是，考虑了交易双方的情况。再销售价格法、成本加成法和交易净利润法都是通过寻找可比非关联交易的利润率指标来考察受测关联交易，这就决定了这些方法只能保证受测方一方的利润率水平，而调整的结果可能造成关联交易的其他参与方的利润率畸高或者畸低。利润分割法考虑了交易各方的情况，任何一方都不太可能会出现极端的利润率水平，调整结果更容易被各方所接受。

利润分割法主要包括一般利润分割法和剩余利润分割法。一般利润分割法通常根据关联交易各方所执行的功能、承担的风险和使用的资产，采用符合独立交易原则的利润分割方式，确定各方应当取得的合理利润；当难以获取可比交易信息但能合理确定合并利润时，可以结合实际情况考虑与价值贡献相关的收入、成本、费用、资产、雇员人数等因素，分析关联交易各方对价值做出的贡献，将利润在各方之间进行分配。剩余利润分割法将关联交易各方的合并利润减去分配给各方的常规利润后的余额作为剩余利润，再根据各方对剩余利润的贡献程度进行分配。利润分割法的可比性分析，应当特别考察关联交易各方执行的功能、承担的风险和使用的资产，收入、成本、费用和资产在各方之间的分配，成本节约、市场溢价等地域特殊因素，以及其他价值贡献因素，确定各方对剩余利润贡献所使用的信息和假设条件的可靠性等。

需要特别注意的是，这里的合并利润并不是关联企业利润的简单加总，而是仅指关联各方从受测关联交易中获得的整体利润。为了确定待分割的合并利润，需要把受测关联交易与企业的其他交易区分开来，同时还要保证交易各方所采用的数据口径一致，如果交易各方会计准则和货币单位不同的，需要先进行调整。

运用利润分割法还需要选择合理的分割指标（分配因子）。实践中用得比较多的指标有资产、成本、费用等，此外还有执行关键功能的职工人数、生产相关产品耗费的工时等。具体操作时，需要结合受测关联交易的实际情况，选择与关联交易中的价值创造关系最紧密的一个或几个指标作为分配因子。还要注意，分割指标应该是客观的、不受关联交易定价影响的。

依据

《中华人民共和国企业所得税法》第四十一条

《中华人民共和国企业所得税法实施条例》第一百一十一条

《国家税务总局关于发布〈特别纳税调查调整及相互协商程序管理办法〉的公告》(国家税务总局公告 2017 年第 6 号)第二十一条

30. 其他符合独立交易原则的方法还有哪些?

解答

其他符合独立交易原则的方法包括成本法、市场法和收益法等资产评估方法,以及其他能够反映利润与经济活动发生地和价值创造地相匹配原则的方法。

解读

如果常用的可比非受控价格法、再销售价格法、成本加成法、交易净利润法和利润分割法都有明显不合理的地方或不能使用的理由,或者有证据证明使用其他方法更为合理、更符合独立交易原则,也可以选用其他符合独立交易原则的方法用于转让定价调查和调整。

资产评估方法常被用在关联财产转让交易中。因为在财产转让交易中,被转让财产本身的特性对价格的影响是决定性的,这就使得基于利润进行比较的转让定价方法不再适用。而在现实中,也很难找到可比的独立财产转让交易来帮助判断关联财产转让交易价格是否合理。资产评估方法可以根据被转让财产的各项特性直接评估出财产的价值,不再依赖于寻找可比企业或可比交易,因而可能比其他方法更为合适。

资产评估方法包括成本法、市场法和收益法等,每种方法都有各自适用的范围,具体使用哪种方法也需要根据交易资产的特性来进行分析选定。成本法是以替代或者重置原则为基础,通过在当前市场价格下创造一项相似资产所发生的支出确定评估标的价值的评估方法，适用于能够被替代的资产价值评估。市场法是利用市场上相同或者相似资产的近期交易价格，经过直接比较或者类比分析以确定评估标的价值的评估方法，适用于在市场上能找到与评估标的相同或者相似的非关联可比交易信息时的资产价值评估。收益法是通过评估标的未来预期收益现值来确定其价值的评估方法，适用于企业整体资产和可预期未来收益的单项资产评估。

例 3-2 A 集团公司是一家知名境外企业，2010 年初，A 集团公司对在境内下属的 6 家企业进行了股权转让，但股权转让价格偏低，不符合独立交易原则。为了准确评估企业价值，税务部门决定采取资产评估方法中的收益法来计算企业的股权转让收益。即通过估算评估企业未来预期收益的现值来确定公允价值。具体操作过程中，对于收益法中的三个基本要素如下确定：一是预期收益率，选择各企业一段时间的净利润的中位数来测算；二是折现率，根据企业自身的生产经营情况，按照加权平均资本成本的计算方法确定；三是预期收益的持续时间，结合企业自身的实际经营情况进行确定。经过近一年的努力，税务部门在取得详细的企业资料基础上，运用评估模型，合理确定了 A 集团公司的股权转让公允价格，并按照《企业所得税法》及《国家税务总局关于加强非居民企业股权转让所得企业所得税管理的通知》（国税函〔2009〕698 号）规定，对其下属企业 2008 年以后的股权转让价格进行了特别纳税调整，调整入库税款 1100 万元。[①]

[①] 苏凌，闵义铉，程莉，本报记者刘云昌. 反避税利剑出鞘　股权转让避税风险大增 [N]. 中国税务报，2011-01-24（05）.

> **依据**

《中华人民共和国企业所得税法》第四十一条

《中华人民共和国企业所得税法实施条例》第一百一十一条

《国家税务总局关于发布〈特别纳税调查调整及相互协商程序管理办法〉的公告》(国家税务总局公告2017年第6号)第二十二条

31. 如何确认潜在的可比交易或可比对象?

> **解答**

搜索和确认潜在可比交易,以此进行分析,并与受测的受控交易进行比较,由此得出受控交易是否符合独立交易原则的结论,这一过程是可比性分析的一部分。确定潜在可比交易通常有两种方法,《跨国企业与税务机关转让定价指南(2022)》称之为"递增法"和"递减法"。具体标准有定量标准和定性标准两种。

> **解读**

"递增法"是先罗列出被视为参与了潜在可比交易的企业,然后搜集这些企业和交易的具体信息,以确认他们是否符合可比标准,是否可以被接受为可比交易。例如,某饮料生产行业中有A、B、C、D四家知名公司,分别占有28%、25%、22%和20%的市场份额,对其中一家公司进行转让定价调查时,就可以采用"递增法",将其他三家公司列为潜在可比企业。

"递减法"则通常是先从商业数据库中筛选出一组相似地域、相同行业、执行大致相同功能的企业,然后根据筛选标准和搜集到的公开信息,逐步剔除不可比的企业。

"递增法"和"递减法"各有优缺点。"递增法"选出的可比企业都是行业内知名的企业，针对性强，但选择过程须注意保证公开透明、按一定规则进行，以及结果可验证。"递减法"的过程更透明，并且结果更容易被验证，但其可靠性过于依赖数据库的可靠性。在实践中，可以根据案件的实际情况，将两种方法结合起来使用。

不管使用哪种方法，都需要进行定量分析和定性分析，以决定哪些潜在可比交易可以被接受，哪些应当剔除。定性分析主要关注交易特性、功能风险、经济环境、经营策略等；定量分析主要依据数据指标，例如销售额、从业人数、资产规模、研发费用率、销管费用率等。

依 据

《跨国企业与税务机关转让定价指南（2022）》（OECD Transfer Pricing Guidelines for Multinational Enterprises and Tax Administrations 2022）

32. 可比性差异调整主要包含哪些内容？

解 答

当受测关联交易与独立非关联交易在交易资产或者劳务特性，交易各方执行的功能、承担的风险、使用的资产，合同条款，经济环境和经营策略等各方面都不存在实质性差异时，认为他们是可比的。当他们之间存在实质性差异，就需要对这些差异进行调整，以提升两者之间的可比性。可比性调整主要包含业务模式调整、地域性特殊因素调整、资本性调整、开工不足等特殊因素调整、不可抗力等内容。

解 读

受测关联交易和潜在可比非关联交易之间或多或少都会存在一些差异。有的差异对价格或利润率水平不会造成实质性影响，这样的差异是可以接受的，不需要进行调整。但有些差异会对交易价格或利润率水平产生实质性影响，如果不能可靠调整则意味着受测关联交易和潜在可比非关联交易不具备足够的可比性。差异调整的目的就是提高两者可比性，增强转让定价调整结果的可靠度。

来料加工和其他业务模式不同，是必须要调整的。来料加工企业执行的功能非常单一，主要材料由委托方提供，生产设备有时也会由委托方提供，这些都不被计入成本。而进料加工企业的材料需要自己购买，生产设备一般也是自有的，材料价款和生产设备的损耗都要计入成本。此外两种业务模式下增值税的处理也不一样。如果不进行调整，两种业务模式的企业是不可比的。然而，商业数据库中多数都是上市公司，来料加工企业很难在其中找到可比企业。对来料加工企业的财务数据，比照进料加工的模式进行调整，可以有效消除上述差异造成的影响，提高可比性。

选址节约等地域特殊因素，需要进行单独分析并决定是否需要调整。企业集团将某些功能，例如生产制造职能，由高成本国家迁移到低成本国家，由于原材料或人工等方面的低价而得到的成本的降低，叫作选址节约。如果能在相同地域市场中找到合适的可比交易或可比企业，可以不用进行地域特殊因素分析；如果在本地市场找不到可靠的可比交易或可比企业，就需要进行地域特殊因素分析。分析选址节约时需要注意几点：一是选址节约并不等于原材料和人工成本等价格降低带来的成本减少，还需要考虑运输成本以及可能的其他成本的增加，两者的差额才是选址节约；二是选址节约也不一定等于其带来的额外利润，因为价格竞争可能引起市场价格下降进而导致带来的额外利润减少。

除了上述因素外，还有很多其他因素，都可能对可比性的可靠性产生影响。是否需要对这些因素进行调整，取决于该项调整是否能使可比性得到提高。

依据

《国家税务总局关于发布〈特别纳税调查调整及相互协商程序管理办法〉的公告》（国家税务总局公告2017年第6号）第二十六条、第二十七条

33. 税务机关如何对隐匿或抵消的关联交易进行管理？

解答

企业与其关联方之间隐匿关联交易直接或者间接导致国家总体税收收入减少的，税务机关可以通过还原隐匿交易实施特别纳税调整。

企业与其关联方之间抵消关联交易直接或者间接导致国家总体税收收入减少的，税务机关可以通过还原抵消交易实施特别纳税调整。

解读

有些企业刻意模糊关联方或关联交易活动，人为将关联交易"非关联化"，从而免于向税务部门申报，进而掩盖其中隐含的税收问题。例如，境内A公司将自有资金冻结于境内银行，目的是使境外关联B公司从境内银行的海外分行获得贷款。该资金实质来源于境内A公司，关联企业B公司借助金融工具实现了资金跨境转移。这个过程中，境内企业不直接与境

外企业发生融资业务往来，也不直接向境外企业支付或收取费用，属于隐匿关联交易。企业如果不主动申报，税务部门难以掌握相关情况。

再如，境外母公司授权境内子公司使用集团注册的商标，子公司需要向母公司支付特许权使用费。同时，子公司向母公司提供了市场调查等劳务服务，母公司需要向子公司支付劳务费。这种情况下，母子公司可能会采取抵消交易的方法，互相免除部分或全部费用，一方面可能导致非居民企业所得税（如特许权使用费）的减少，另一方面隐匿了关联交易，不易被税务部门察觉。

对于隐匿或抵消关联交易，需要税务人员对交易双方的债权债务、生产经营、高级管理人员、共同利益等方面进行深度分析和综合把握，透过合同协议等资料判断是否存在直接、间接控制关系和其他共同利益。同时，要关注非关联交易特别是没有在账面上反映的交易，识别交易链条上的各方实质，分析投入和产出之间的关系、成本和收益之间的关系、功能风险和利润之间的关系，从而发现、识别、还原交易本来面目并进行调整。

依据

《国家税务总局关于发布〈特别纳税调查调整及相互协商程序管理办法〉的公告》（国家税务总局公告 2017 年第 6 号）第二十九条

34. 如何确定符合独立交易原则的价格或利润水平区间？

解答

分析评估被调查企业关联交易是否符合独立交易原则时，可以根据实际情况选择算数平均法、加权平均法或者四分位法等统计方法，逐年分别或者多年平均计算可比企业利润或者价格的平均值或者四分位区间。采用四分位法分析评估企业利润水平时，企业实际利润水平低于可比企业利润率区间中位值的，原则上应当按照不低于中位值进行调整。

解读

转让定价不是一门精确的科学，因此，在很多情况下，运用转让定价方法得到的并不是一个确定的价格或利润率，而是一个数据区间。究其原因，一方面是因为即使在完全可比的情况下，不同独立企业也可能在可接受的范围内，随机定出不同的价格；另一方面是因为完全一样的可比交易几乎不存在，通过转让定价方法找到的可比交易或企业，只是在各方面高度"近似"，可能仍存在一些无法识别、无法量化的可比性差异。

运用统计方法也可以提高数据区间的可靠度，最常用的方法是四分位法。四分位法是将一组数据按从大到小的顺序排序，正好排在前1/4位置上的数叫作上四分位数，正好排在所有数据中间位置的数叫作中位数，正好排在后1/4位置上的数叫作下四分位数。在我国税收实践中，使用中位值进行调整的情况比较多。但根据每个案件的具体情况不同，在其他指标更可靠时，也可以使用平均值、加权平均值、上四分位值等指标。需要注意的是，我国现行税收政策要求，税务机关采用四分位法分析评估企业利润水平时，企业实际利润水平低于可比企业利润率区间中位值的，原则上应当按照不低于中位值进行调整。

依据

《国家税务总局关于发布〈特别纳税调查调整及相互协商程序管理办

法〉的公告》（国家税务总局公告 2017 年第 6 号）第二十五条

35. 如何理解转让定价中的无形资产？

解答

关于什么是无形资产，并没有一个统一的定义。我国《企业会计准则》规定，无形资产指"企业拥有或者控制的没有实物形态的可辨认非货币性资产"，并应该满足"与该无形资产有关的经济利益很可能流入企业"和"该无形资产的成本能够可靠地计量"两个条件。在转让定价中，无形资产的内容要更宽泛一些，是指"企业拥有或控制以便在商业活动中使用的没有实物形态的非金融资产，独立企业间在可比情形下对该资产的使用或转让会支付对价"。从这一定义可以看出，转让定价中的无形资产，更看重独立企业之间的交易条件，而不是无形资产的法律形式。

根据《中华人民共和国企业所得税法实施条例》第六十五条规定，无形资产包括专利权、商标权、著作权、土地使用权、非专利技术、商誉等。根据《国家税务总局关于完善关联申报和同期资料管理有关事项的公告》（国家税务总局公告 2016 年第 42 号）第四条规定，无形资产包括专利权、非专利技术、商业秘密、商标权、品牌、客户名单、销售渠道、特许经营权、政府许可、著作权等。

解读

转让定价中的无形资产主要有营销型无形资产和交易型无形资产两大类。《跨国企业与税务机关转让定价指南（2022）》对营销型无形资产的定义是："与市场营销活动相关的无形资产，有助于产品或服务的商业开发，或者对相关产品而言具有重要的营销价值。"营销型无形资产有助于企业产品的推广、销售，一般包括商标、商号、品牌、客户名单、分销渠道、客户数据、专有市场等。

除营销型无形资产以外的无形资产，都属于交易型无形资产。交易型无形资产主要包括专利、专有技术、商业秘密、政府许可、合同权利、无形资产的受限权利等。其中，政府许可指政府特许企业进行某项活动的权利，例如自然资源开采权等。合同权利指企业与能对其经营产生重大影响的关键供应或客户签订的合同、协议等。无形资产的受限权利指被无形资产所有人允许在特定条件、范围、地区等使用无形资产的权利。

依 据

《跨国企业与税务机关转让定价指南（2022）》（OECD Transfer Pricing Guidelines for Multinational Enterprises and Tax Administrations 2022）

《中华人民共和国企业所得税法实施条例》第六十五条

36. 判定关联各方对无形资产价值的贡献程度时应注意哪些方面的问题？

解 答

《国家税务总局关于发布〈特别纳税调查调整及相互协商程序管理办法〉的公告》（国家税务总局公告2017年第6号）第三十条规定，判定企业及其关联方对无形资产价值的贡献程度及相应的收益分配时，应当全面分析企业所属集团的全球运营流程，充分考虑各方在无形资产开发、价值提升、维护、保护、应用和推广中的价值贡献，无形资产价值的实现方式，无形资产与集团内其他业务的功能、风险和资产的相互作用。企业仅拥有无形资产所有权而未对无形资产价值做出贡献的，不应当参与无形资产收益分配。无形资产形成和使用过程中，仅提供资金而未实际执行相关功能和承担相应风险的，应当仅获得合理的资金成本回报。

解读

根据独立交易原则，企业在一项交易中获得的收益应当与其执行的功能、承担的风险、做出的贡献相匹配。在涉及无形资产的关联交易中，交易各方应享有的收益也应当与其在无形资产开发、价值提升、维护、保护和利用中执行的功能、承担的风险相匹配。

无形资产带来的收益，应当基于集团成员对该无形资产在开发、价值提升、维护、保护和利用等方面所做的贡献进行分配。这意味着仅拥有无形资产的法律所有权可能无权参与分配。例如，C公司是某集团设在避税地的空壳公司，D公司是该集团研发中心，独立执行研发功能并承担研发风险，但集团出于管理方便或其他原因，将D公司所有研发成果以C公司名义申请专利。此时，C公司虽是专利的法律所有权人，但因其对专利没有实质上的贡献，不应成为经济所有权人，因而也无权参与这些专利带来的收益分配。

集团中的某个成员可能只为无形资产的开发、维护等提供资金，这时需要具体分析该成员实际执行的职能和承担的风险，并以此来判断该成员应如何参与无形资产收益分配。

依据

《国家税务总局关于发布〈特别纳税调查调整及相互协商程序管理办

法〉的公告》（国家税务总局公告 2017 年第 6 号）第三十条

37. 关联企业之间收取或支付的特许权使用费在哪些情况下可以实施特别纳税调整？

解答

《国家税务总局关于发布〈特别纳税调查调整及相互协商程序管理办法〉的公告》（国家税务总局公告 2017 年第 6 号）第三十一条规定，企业与其关联方转让或者受让无形资产使用权而收取或者支付的特许权使用费，应当根据下列情形适时调整：①无形资产价值发生根本性变化；②按照营业常规，非关联方之间的可比交易应当存在特许权使用费调整机制；③无形资产使用过程中，企业及其关联方执行的功能、承担的风险或者使用的资产发生变化；④企业及其关联方对无形资产进行后续开发、价值提升、维护、保护、应用和推广做出贡献而未得到合理补偿。没有适时调整的，税务机关可以实施特别纳税调整。

第三十二条规定，特许权使用费还应当与无形资产为企业或者其关联方带来的经济利益相匹配。与经济利益不匹配而减少企业或者其关联方应纳税收入或者所得额的，税务机关可以实施特别纳税调整。未带来经济利益，且不符合独立交易原则的，税务机关可以按照已税前扣除的金额全额实施特别纳税调整。企业向仅拥有无形资产所有权而未对其价值创造做出贡献的关联方支付特许权使用费，不符合独立交易原则的，税务机关可以按照已税前扣除的金额全额实施特别纳税调整。

第三十三条规定，企业以融资上市为主要目的在境外成立控股公司或者融资公司，仅因融资上市活动所产生的附带利益向境外关联方支付特许权使用费，不符合独立交易原则的，税务机关可以按照已税前扣除的金额

特别纳税调整百问百答

全额实施特别纳税调整。

解读

特许权使用费是无形资产收益的常见形式，关联企业间的特许权使用费支付或收取应当符合独立交易原则，同时也应当体现收益与贡献相匹配的原则。

例3-3 A公司使用其母公司提供的某项专利技术进行生产，每年按销售净收入的3%向母公司支付特许权使用费。如果随着科技进步，该专利不再具有先进性，该项特许权使用费的支付也应相应做出调整，以符合独立交易原则。

例3-4 B公司是其母公司设在甲国的子公司，使用母公司的商标进行生产和销售，每年按销售净收入的8%向母公司支付商标使用费。B公司在生产和销售的同时，还在甲国进行了大量的市场营销工作，使得其产品在甲国的知名度大大提升。B公司的市场营销工作提升了其母公司的品牌价值，如果母公司不能以其他方式对B公司所做的贡献进行合理补偿，就应该调整商标使用费的收取比例，使B公司所做的贡献得到体现。

例3-5 C公司使用其母公司D公司提供的某项无形资产进行生产，每年按销售净收入的5%向D公司支付特许权使用费。但D公司只是集团设在避税地的空壳公司，无任何实质性职能，集团所有无形资产都登记在D公司名下，D公司依此向全球各地的子公司收取特许权使用费。本例中D公司仅是无形资产的法律所有人，对无形资产的开发、利用等其他方面都没有做出任何贡献，因此向D公司支付特许权使用费是不合理的。如果企业未适时调整，则税务机关有权实施特别纳税调整。

依 据

《国家税务总局关于发布〈特别纳税调查调整及相互协商程序管理办法〉的公告》(国家税务总局公告 2017 年第 6 号)第三十一条至第三十三条

38. 关联企业之间收取或支付的劳务费在哪些情况下可以实施特别纳税调整？

解 答

《国家税务总局关于发布〈特别纳税调查调整及相互协商程序管理办法〉的公告》(国家税务总局公告 2017 年第 6 号)第三十四条规定，企业与其关联方发生劳务交易支付或者收取价款不符合独立交易原则而减少企业或者其关联方应纳税收入或者所得额的，税务机关可以实施特别纳税调整。

解 读

符合独立交易原则的关联劳务交易应当是受益性劳务交易，企业向其关联方支付非受益性劳务的价款，税务机关可以全额实施特别纳税调整。非受益性劳务主要包括以下情形：

（1）劳务接受方从其关联方接受的，已经购买或者自行实施的劳务活动；

（2）劳务接受方从其关联方接受的，为保障劳务接受方的直接或者间接投资方的投资利益而实施的控制、管理和监督等劳务活动。该劳务活动主要包括：①董事会活动、股东会活动、监事会活动和发行股票等服务于股东的活动；②与劳务接受方的直接或者间接投资方、集团总部和区域总部的经营报告或者财务报告编制及分析有关的活动；③与劳务接受方的直接或者间接投资方、集团总部和区域总部的经营及资本运作有关的筹资活动；④为集团决策、监管、控制、遵从需要所实施的财务、税务、人事、法务等活动；⑤其他类似情形。

（3）劳务接受方从其关联方接受的，并非针对其具体实施的，只是因附属于企业集团而获得额外收益的劳务活动。该劳务活动主要包括：①为劳务接受方带来资源整合效应和规模效应的法律形式改变、债务重组、股权收购、资产收购、合并、分立等集团重组活动；②由于企业集团信用评级提高，为劳务接受方带来融资成本下降等利益的相关活动；③其他类似情形。

（4）劳务接受方从其关联方接受的，已经在其他关联交易中给予补偿的劳务活动。该劳务活动主要包括：①从特许权使用费支付中给予补偿的与专利权或者非专利技术相关的服务；②从贷款利息支付中给予补偿的与贷款相关的服务；③其他类似情形。

（5）与劳务接受方执行的功能和承担的风险无关，或者不符合劳务接受方经营需要的关联劳务活动。

（6）其他不能为劳务接受方带来直接或者间接经济利益，或者非关联方不愿意购买或者不愿意自行实施的关联劳务活动。

企业向未执行功能、承担风险，无实质性经营活动的境外关联方支付费用，不符合独立交易原则的，税务机关可以按照已税前扣除的金额全额实施特别纳税调整。

对于集团内劳务交易判定有两个原则：一是要符合独立交易原则；二是必须是受益性劳务。也就是说，判定关联企业之间收取的劳务费是否合理，要看相同或类似情况下，独立企业是否愿意为该项劳务付费，或者该项劳务是否能给企业带来经济利益,且符合交易常规和公平成交价格。这些都需要基于企业的具体情况进行判定,很难将某类劳务直接归类为受益性劳务或非受益性劳务。

依据

《国家税务总局关于发布〈特别纳税调查调整及相互协商程序管理办法〉的公告》(国家税务总局公告 2017 年第 6 号)第三十四条、第三十五条、第三十七条

39. 对劳务进行特别纳税调整选择转让定价方法时应注意哪些问题?

解答

《国家税务总局关于发布〈特别纳税调查调整及相互协商程序管理办法〉的公告》(国家税务总局公告 2017 年第 6 号)第三十六条规定,企业接受或者提供的受益性劳务应当充分考虑劳务的具体内容和特性,劳务提供方的功能、风险、成本和费用,劳务接受方的受益情况、市场环境,交易双方的财务状况,以及可比交易的定价情况等因素,选择合理的转让定价方法,并遵循以下原则:

(1)关联劳务能够分别按照各劳务接受方、劳务项目为核算单位归集相关劳务成本费用的,应当以劳务接受方、劳务项目合理的成本费用为基础,确定交易价格。

(2)关联劳务不能分别按照各劳务接受方、劳务项目为核算单位归集相关劳务成本费用的,应当采用合理标准和比例向各劳务接受方分配,并

以分配的成本费用为基础,确定交易价格。分配标准应当根据劳务性质合理确定,可以根据实际情况采用营业收入、营运资产、人员数量、人员工资、设备使用量、数据流量、工作时间以及其他合理指标,分配结果应当与劳务接受方的受益程度相匹配。非受益性劳务的相关成本费用支出不得计入分配基数。

解读

关联劳务的计价通常采取直接收费法或间接收费法。直接收费法根据确定的计价依据对某项劳务直接进行收费,其收入和成本都是分对象、分项目进行核算的,不论是对企业集团还是对税务机关,都更加明确和易于操作。特别是当某项劳务既向关联方提供同时又向非关联方提供时,企业集团应该有能力对所提供的劳务的成本进行准确核算,因此应更多地采用直接计价法。

间接收费法是当某种劳务很难分别核算成本时,企业集团采用成本分配或分摊的方法,来对关联劳务进行计价。难以分别核算成本的原因可能是某项劳务提供给集团各成员的价值比例无法准确量化,也可能是某项劳务单独计价过于烦琐以至于其成本远远高于劳务本身提供的价值。采用间接计价法需要根据劳务的特性,选择合适的分配指标。例如,集团提供集中采购,可以以采购额或采购数量为分配指标;提供人力资源服务,以雇员人数为分配指标会更合适。

选择分析集团劳务的转让定价方法时,可以采用可比非受控价格法、成本加成法和交易净利润法。可比非受控价格法适用于所有类型的关联交易,因此在能找到独立企业间的同类非关联劳务交易时,例如审计、法律等服务,可以优先适用可比非受控价格法。当可比非受控价格难以找到时,如果成本核算资料较完整,可以采用成本加成法。如果关联劳务是劳务提供方的主营业务时，可以考虑使用交易净利润法。

依 据

《国家税务总局关于发布〈特别纳税调查调整及相互协商程序管理办法〉的公告》（国家税务总局公告 2017 年第 6 号）第三十六条

40. 税务机关在转让定价调查中如何处理因新冠肺炎疫情对企业造成的影响？

解 答

新冠肺炎疫情（以下简称疫情）对不同行业的企业造成的影响程度具有较大差异，在对部分行业企业造成较大冲击的同时，也给部分行业企业带来了新的发展机遇。税务机关开展转让定价调查时，将遵循独立交易原则，并在此基础上考虑疫情对企业关联交易的影响，具体情况具体分析。

解 读

疫情对全球不同行业的经济环境、经营策略都带来了不同程度的影响，当受测关联交易与独立非关联交易存在实质性差异时，就需要对这些差异进行可比性差异调整，以提升两者之间的可比性。

比如疫情期间，我国政府在房租、税费、融资等方面出台了一系列援助政策。政府援助政策对转让定价安排的影响可能主要体现在可比性分析方面。如企业认为政府援助对转让定价安排产生影响，应当在转让定价文档中提供相关信息以支持转让定价分析。税务机关将遵循独立交易原则，甄别可比因素，确保可比性分析结果的公允性和一致性。

  税务机关将结合企业功能风险、关联交易特征、行业特点、可比企业情况等因素，在转让定价调查中综合考虑疫情对企业造成的影响。对于企业因疫情防控需要发生的额外支出或受疫情影响增加的经营费用等，税务机关在可比性分析时，在充分考虑独立第三方之间就相关成本和费用如何分配的基础上，酌情进行差异性调整。

依 据

《国家税务总局关于发布〈特别纳税调查调整及相互协商程序管理办法〉的公告》（国家税务总局公告 2017 年第 6 号）第二十七条

国家税务总局国际税务司发布的《疫情防控期间反避税有关问题解答》（2021 年 9 月发布）

第四篇 预约定价安排

41. 什么是预约定价安排？

解答

预约定价安排，是指企业就其未来年度关联交易的定价原则和计算方法，向税务机关提出申请，与税务机关按照独立交易原则协商、确认后达成的协议。

解读

预约定价安排是纳税人针对未来一定期限内（可以申请适用未来3至5个年度）与其关联企业进行有形资产的购销和租赁、无形资产的转让和使用、劳务的提供、资金的融通等业务，向税务机关提交关联交易所适用的定价原则和计算方法，税务机关通过一系列的可比性分析和合理性审查，确认其符合独立交易原则和营业常规的全过程。预约定价安排是经济全球化在税收领域的产物，是企业在经营和发展过程中寻求税收确定性的一种方法，同时也是税务机关转让定价管理的一种模式。

预约定价安排实施的目的是在纳税人与税务部门合作和谈判的基础上

找到一种预先沟通和解决问题的方法,通过减少不确定性以及提高跨国企业关联交易税收后果的可预见性来促进纳税人对税法的自愿遵从,从而减轻税务部门和纳税人双方的管理负担。

依 据

《中华人民共和国企业所得税法》第四十二条
《中华人民共和国企业所得税法实施条例》第一百一十三条
《国家税务总局关于完善预约定价安排管理有关事项的公告》(国家税务总局公告 2016 年第 64 号)第四条

42. 预约定价安排有哪些优势?

解 答

预约定价安排是税务机关和企业通过合作的方式处理企业转让定价问题以及潜在转让定价争议的有效手段。它具有如下优势:

(1)为企业未来年度的转让定价问题提供确定性,从而带来企业经营及税收的确定性,也为税务机关带来稳定的收入预期;

(2)降低税务机关转让定价管理及调查的成本,有效避免企业被税务机关转让定价调查的风险,降低企业的税收遵从成本;

(3)有助于提高税务机关的纳税服务水平,促进税收管理与服务的均衡发展,保障纳税人相关权益的实现。

此外,双边或者多边预约定价安排还特别具备以下优势:

(1)促进各国税务主管当局之间的交流与合作;

(2)使企业可以在两个或两个以上国家(地区)避免被转让定价调查

的风险，并有效避免或消除国际重复征税。

解读

对于企业而言，预约定价安排是一种"防患于未然"的方法，能降低转让定价风险。对于当年和以往年度的转让定价问题，企业也可以申请追溯适用，对关联交易进行评估和调整。

对于税务机关而言，预约定价安排是纳税服务的一种方式，为税企双方增进理解、加强合作、减少对抗提供了有效途径。

税务机关与企业达成的预约定价安排，对双方均具有约束力。企业应主动遵守安排的全部条款及要求；税务机关应依照安排，做好监控执行工作。

依据

《中华人民共和国企业所得税法》第四十二条

《中华人民共和国企业所得税法实施条例》第一百一十三条

《国家税务总局关于完善预约定价安排管理有关事项的公告》（国家税务总局公告 2016 年第 64 号）

《中国预约定价安排年度报告（2020）》

43. 预约定价安排的适用范围？

解答

预约定价安排适用于主管税务机关向企业送达接收其谈签意向的《税

务事项通知书》之日所属纳税年度起 3 至 5 个年度的关联交易和同时满足以下三个条件的企业：

（1）主管税务机关向企业送达接收其谈签意向的《税务事项通知书》之日所属纳税年度前 3 个年度每年度发生的关联交易金额在 4000 万元人民币以上；

（2）依法履行关联申报义务；

（3）按规定准备、保存和提供同期资料。

企业以前年度的关联交易与预约定价安排适用年度相同或者类似的，经企业申请，税务机关可以将预约定价安排确定的定价原则和计算方法追溯适用于以前年度该关联交易的评估和调整，追溯期最长为 10 年。

有下列情形之一的，税务机关可以优先受理企业提交的申请：

（1）企业关联申报和同期资料完备合理，披露充分；

（2）企业纳税信用级别为 A 级；

（3）税务机关曾经对企业实施特别纳税调查调整，并已经结案；

（4）签署的预约定价安排执行期满，企业申请续签，且预约定价安排所述事实和经营环境没有发生实质性变化；

（5）企业提交的申请材料齐备，对价值链或者供应链的分析完整、清晰，充分考虑成本节约、市场溢价等地域特殊优势，拟采用的定价原则和计算方法合理；

（6）企业积极配合税务机关开展预约定价安排谈签工作；

（7）申请双边或者多边预约定价安排的，所涉及的税收协定缔约对方税务主管当局有较强的谈签意愿，对预约定价安排的重视程度较高；

（8）其他有利于预约定价安排谈签的因素。

解读

《中国预约定价安排年度报告（2020）》提示，面对大量的谈签意向和有限的人力，税务机关在决定是否优先受理企业申请时主要考虑四个方面的因素：一是企业提交申请的时间顺序；二是企业所提交申请的质量，如材料是否齐备、预约定价安排拟采用的定价原则和计算方法是否合适等；三是案件是否具有行业和区域等方面的特殊性；四是案件所涉对方国家的谈签意愿及其对案件的重视程度。而在上述四个因素中，最被强调的是所提交申请的质量。如果纳税人的申请材料是高质量的，将有效推动后续的谈签进程；如果纳税人的申请材料缺乏质量，将可能被要求重新准备。

另外，报告还指出，有充分的无形资产、成本节约或市场溢价量化分析的申请材料，将会得到税务机关的优先处理。

依据

《国家税务总局关于完善预约定价安排管理有关事项的公告》（国家税务总局公告 2016 年第 64 号）第三条、第四条、第十六条

《中国预约定价安排年度报告（2020）》

44. 预约定价安排有哪些类型？

解答

预约定价安排包括单边、双边、多边 3 种类型。单边预约定价安排是企业与一国税务机关签署的预约定价安排。双边或多边预约定价安排是企

业与两个或两个以上税收协定缔约国家（地区）的税务机关就企业未来年度关联交易的定价原则和计算方法达成一致后签订的安排。

解读

单边预约定价安排只能为企业提供一国内关联交易定价原则和计算方法的确定性，而不能有效规避企业境外关联方被其所在国家（地区）的税务机关进行转让定价调查调整的风险。双边或多边预约定价安排既可以为"走出去"企业有效避免或消除国际重复征税，也能为纳税人提供税收确定性。

依据

《中华人民共和国企业所得税法》第四十二条

《中华人民共和国企业所得税法实施条例》第一百一十三条

《国家税务总局关于完善预约定价安排管理有关事项的公告》（国家税务总局公告2016年第64号）第二条

45. 预约定价安排的谈签和执行需要经过哪些阶段？

解答

预约定价安排的谈签与执行需要经过预备会谈、谈签意向、分析评估、正式申请、协商签署和监控执行6个阶段，各阶段内容见表4-1。

第四篇 · 预约定价安排

表 4 – 1　　　　预约定价安排的谈签和执行所需的 6 个阶段

阶段	内容概要
第一步 预备会谈	需向国家税务总局、主管税务机关提交《预约定价安排预备会谈申请书》
	企业需说明的内容包括，市场情况的说明，是否存在成本节约、市场溢价等地域特殊优势的说明，是否涉及国际重复征税及其说明等
第二步 谈签意向	企业提交谈签意向并附送预约定价安排申请草案
	预约定价安排申请草案内容包括，适用年度，价值链或者供应链分析，以及对成本节约、市场溢价等地域特殊优势的考虑等
第三步 分析评估	明确分析评估的一般原则系独立交易原则
	税务机关进行分析评估的内容包括，关联交易数据分析，价值链分析和贡献分析等
	税务机关可以进行功能和风险实地访谈
第四步 正式申请	明确税务机关可接受或拒绝正式申请的情形
第五步 协商签署	预约定价安排文本内容包括，预约定价安排的续签，单边预约定价安排的信息交换等
	规定双边或多边预约定价安排通知企业的方式，由国家税务总局将预约定价安排转发主管税务机关，并由主管税务机关向企业传递
	补（退）税款条款
第六步 监控执行	企业预约定价安排执行情况的年度报告需在年度终了后 6 个月内报送，以及电子版报告提交的要求
	税务机关将要加强在执行期间对于利润水平需保持在四分位区间之内的监控，企业发生实质性变化时需提交资料

解读

预约定价安排谈签和执行所需的 6 个阶段如图 4 – 1 所示。

· 89 ·

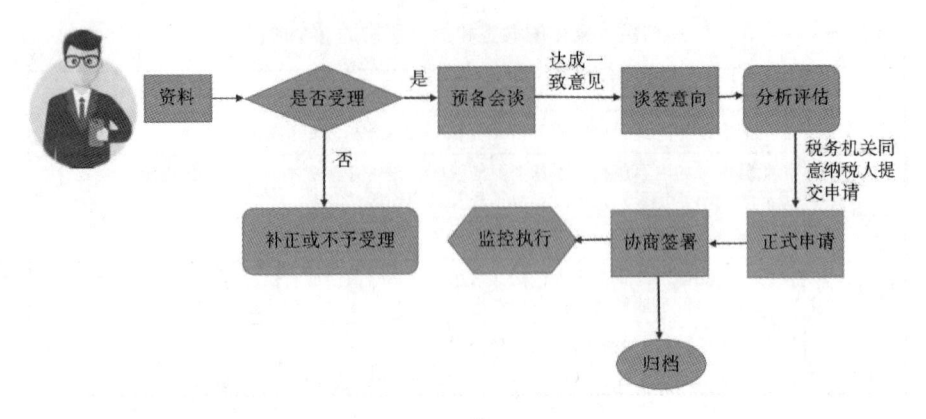

图 4-1 预约定价安排谈签和执行所需的 6 个阶段

依 据

《国家税务总局关于完善预约定价安排管理有关事项的公告》（国家税务总局公告 2016 年第 64 号）第二条

46. 企业在预备会谈阶段需要注意哪些事项？

解 答

企业有谈签预约定价安排意向的，应当向税务机关书面提出预备会谈申请。企业申请单边预约定价安排的，应当向主管税务机关书面提出预备会谈申请，提交《预约定价安排预备会谈申请书》。企业申请双边或者多边预约定价安排的，应当同时向国家税务总局和主管税务机关书面提出预备会谈申请，提交《预约定价安排预备会谈申请书》。

预备会谈期间，企业应当就以下内容作出简要说明：

（1）预约定价安排的适用年度；

（2）预约定价安排涉及的关联方及关联交易；

（3）企业及其所属企业集团的组织架构和管理架构；

（4）企业最近3至5个年度生产经营情况、同期资料等；

（5）预约定价安排涉及各关联方功能和风险的说明，包括功能和风险划分所依据的机构、人员、费用、资产等；

（6）市场情况的说明，包括行业发展趋势和竞争环境等；

（7）是否存在成本节约、市场溢价等地域特殊优势；

（8）预约定价安排是否追溯适用以前年度；

（9）其他需要说明的情况。

企业申请双边或多边预约定价安排的，说明内容还应当包括：

（1）向税收协定缔约对方税务主管当局提出预约定价安排申请的情况；

（2）预约定价安排涉及的关联方最近3至5个年度生产经营情况及关联交易情况；

（3）是否涉及国际重复征税及其说明。

解读

预备会谈是预约定价安排程序中一个非常关键的环节。在这一个环节，税企双方都在评估谈签预约定价安排的可行性。企业提供的基本事实、数据、功能风险和转让定价方法等方面的信息是否详细、完整和真实，对于谈判是否能继续推进具有重要的意义。

依据

《国家税务总局关于完善预约定价安排管理有关事项的公告》（国家税

务总局公告2016年第64号）第五条

47. 税务机关在分析评估阶段会审查哪些内容？

解答

税务机关分析评估的内容一般为：

（1）功能和风险状况。分析评估企业与其关联方之间在供货、生产、运输、销售等各环节，以及在研究、开发无形资产等方面各自做出的贡献、执行的功能及在存货、信贷、外汇、市场等方面承担的风险。

（2）可比交易信息。分析评估企业提供的可比交易信息，对存在的实质性差异进行调整。

（3）关联交易数据。分析评估预约定价安排涉及的关联交易的收入、成本、费用和利润是否单独核算或者按照合理比例划分。

（4）定价原则和计算方法。分析评估企业在预约定价安排中采用的定价原则和计算方法。如申请追溯适用以前年度的，应当作出说明。

（5）价值链分析和贡献分析。评估企业对价值链或者供应链的分析是否完整、清晰，是否充分考虑成本节约、市场溢价等地域特殊优势，是否充分考虑本地企业对价值创造的贡献等。

（6）交易价格或者利润水平。根据上述分析评估结果，确定符合独立交易原则的价格或者利润水平。

（7）假设条件。分析评估影响行业利润水平和企业生产经营的因素及程度，合理确定预约定价安排适用的假设条件。

第四篇　预约定价安排

> 依　据

《国家税务总局关于完善预约定价安排管理有关事项的公告》（国家税务总局公告2016年第64号）第七条

48. 什么是单边预约定价安排简易程序？

> 解　答

一般程序下的预约定价安排谈签和执行分为6个阶段，即预备会谈、谈签意向、分析评估、正式申请、协商签署和监控执行。而单边预约定价安排简易程序将上述6个阶段简并为3个阶段，分别为申请评估、协商签署和监控执行。

> 解　读

为贯彻落实中办、国办印发的《关于进一步深化税收征管改革的意见》，国家税务总局于2021年7月26日发布《关于单边预约定价安排适用简易程序有关事项的公告》（国家税务总局公告2021年第24号），向符合条件的企业提供"精简工作流程、明确工作时限"等系列精准服务，进一步提高企业跨境经营确定性。该公告自2021年9月1日起施行。

根据国家税务总局公告2021年第24号规定，简易程序将一般程序中的"预备会谈、谈签意向、分析评估、正式申请、协商签署和监控执行"6个阶段精简为"申请评估、协商签署和监控执行"3个阶段。精简的流程主要集中在企业申请审核、受理阶段，并且申请评估和协商签署还分别设置了90日和6个月的办理时限。

依 据

《国家税务总局关于完善预约定价安排管理有关事项的公告》(国家税务总局公告 2016 年第 64 号)第二条

《国家税务总局关于单边预约定价安排适用简易程序有关事项的公告》(国家税务总局公告 2021 年第 24 号)第三条

49. 单边预约定价安排简易程序的适用范围?

解 答

企业在主管税务机关向其送达受理申请的《税务事项通知书》之日所属纳税年度前 3 个年度,每年度发生的关联交易金额 4000 万元人民币以上,并符合下列条件之一的,可以申请适用简易程序:

(1)已向主管税务机关提供拟提交申请所属年度前 3 个纳税年度的、符合《国家税务总局关于完善关联申报和同期资料管理有关事项的公告》(国家税务总局公告 2016 年第 42 号)规定的同期资料;

(2)自企业提交申请之日所属纳税年度前 10 个年度内,曾执行预约定价安排,且执行结果符合安排要求的;

(3)自企业提交申请之日所属纳税年度前 10 个年度内,曾受到税务机关特别纳税调查调整且结案的。

除此之外,不满足同期资料准备条件的企业,可以通过补充准备,并在申请适用简易程序前,向税务机关提供近 3 个纳税年度的同期资料,以获取申请适用简易程序的资格。

解读

需要注意的是，如果有下列情形之一，税务机关将不予受理企业提交的单边预约定价安排简易程序申请：

（1）税务机关已经对企业实施特别纳税调整立案调查或者其他涉税案件调查，且尚未结案的；

（2）未按照有关规定填报年度关联业务往来报告表，且不按时更正；

（3）未按照有关规定准备、保存和提供同期资料；

（4）未按照《国家税务总局关于单边预约定价安排适用简易程序有关事项的公告》（国家税务总局公告2021年第24号）要求提供相关资料或者提供的资料不符合税务机关要求，且不按时补正或者更正；

（5）企业拒不配合税务机关进行功能和风险实地访谈。

此外，对于同时涉及两个或者两个以上省、自治区、直辖市和计划单列市税务机关的单边预约定价安排，暂不适用简易程序。

依据

《国家税务总局关于完善预约定价安排管理有关事项的公告》（国家税务总局公告2016年第64号）第二条

《国家税务总局关于单边预约定价安排适用简易程序有关事项的公告》（国家税务总局公告2021年第24号）第三条

50. 单边预约定价安排简易程序有哪些阶段？

> 解 答

单边预约定价安排简易程序包括申请评估、协商签署和监控执行3个阶段。

企业应当向主管税务机关提出适用单边预约定价安排简易程序的申请，主管税务机关分析评估后，决定是否受理。申请受理后，税务机关将与企业就其关联交易是否符合独立交易原则进行协商，并于向企业送达受理申请的《税务事项通知书》之日起6个月内协商完毕。税务机关将会按照《国家税务总局关于完善预约定价安排管理有关事项的公告》（国家税务总局公告2016年第64号）的要求，做好单边预约定价安排的监控执行工作。

《单边预约定价安排简易程序申请书》样式如下：

单边预约定价安排简易程序申请书

_____税务局：

根据《中华人民共和国企业所得税法》及其实施条例、《中华人民共和国税收征收管理法》及其实施细则的有关规定，现就我企业与关联方_____（关联企业或者个人全称）之间的业务往来，提出单边预约定价安排简易程序申请，并附以下附件。

附报资料：共　份　页

1. _____
2. _____
3. _____
……

企业名称（盖章）：

纳税人识别号（统一社会信用代码）：

法定代表人（签章）：

年　月　日

解读

与预约定价安排一般程序相比，单边预约定价安排简易程序简化为申请评估、协商签署和监控执行 3 个阶段。

首先，由于税务机关在企业申请适用简易程序前，对其关联交易、经营环境和功能风险有一定的了解，简易程序免去了预备会谈的阶段。其次，简易程序中将一般程序中的谈签意向、分析评估和正式申请 3 个阶段合并为 1 个申请评估阶段。企业向税务机关提出申请后，税务机关将在规定期限内开展分析评估和功能风险访谈，如最终受理企业的申请，即为接受了企业的正式申请；如不受理，则会告知企业不予受理的理由。再次，简易程序对于税企协商签署阶段有具体的时间要求。如在规定时限内税企无法达成一致意见，则终止简易程序。最后，简易程序的监控执行与一般程序基本保持一致。

需要注意的是，如果税企双方不能协商一致，进而终止简易程序的，企业不可以重新申请适用简易程序，但可以依据《国家税务总局关于完善预约定价安排管理有关事项的公告》（国家税务总局公告2016年第64号），按照一般程序重新申请预约定价安排。同时，在简易程序中已经提交过的资料，企业无须重复提交。

单边预约定价安排简易程序如图4-2所示。

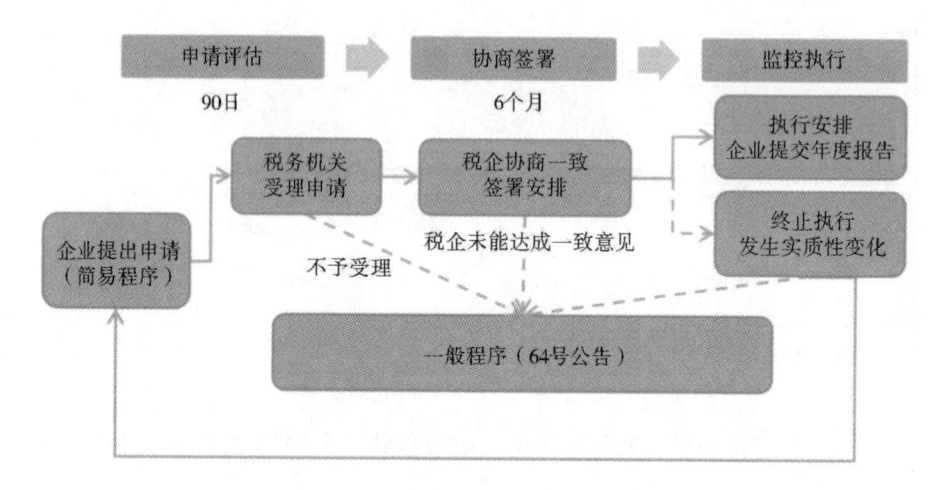

图4-2 单边预约定价安排简易程序

依 据

《国家税务总局关于完善预约定价安排管理有关事项的公告》（国家税务总局公告2016年第64号）第二条

《国家税务总局关于单边预约定价安排适用简易程序有关事项的公告》（国家税务总局公告2021年第24号）第二条、第四条至第六条

51. 单边预约定价安排简易程序与预约定价安排一般程序如何衔接?

> **解答**

《国家税务总局关于完善预约定价安排管理有关事项的公告》（国家税务总局公告 2016 年第 64 号）是对预约定价安排管理的一般性规定，而《国家税务总局关于单边预约定价安排适用简易程序有关事项的公告》（国家税务总局公告 2021 年第 24 号）是对符合一定条件的企业申请单边预约定价安排，在适用程序上的特殊性规定。国家税务总局公告 2021 年第 24 号仅对单边预约定价安排的适用程序进行了适当简化压缩，并规定了具体时间要求，但未改变国家税务总局公告 2016 年第 64 号关于预约定价安排一般内容的规定。例如，在企业申请预约定价安排适用的条件、追溯期、申请资料应包含的信息、预约定价安排文本的内容等方面都基本沿用了国家税务总局公告 2016 年第 64 号的规定，并且国家税务总局公告 2021 年第 24 号未作出具体规定的事项，仍按国家税务总局公告 2016 年第 64 号的规定执行。

> **解读**

需要注意的是，国家税务总局公告 2021 年第 24 号仅针对单边预约定价安排涉及工作流程的精简和时间上的明确，并未改变单边预约定价安排适用年度、申请资料、评估内容、法律效力、交换要求和税务机关内部管理工作要求。

例 4-1 A 公司的主要业务为受境外关联企业委托并向其提供市

场调研和信息收集等劳务。A 公司就 2021—2025 年的上述关联劳务交易申请单边预约定价安排简易程序。那么，A 公司需要满足申请企业所具备的基本条件，并按照国家税务总局公告 2016 年第 64 号要求梳理涉及的关联方承担功能和风险的说明、定价原则和计算方法、未来预测等核心内容并确定申请报告内容。税务机关应按照国家税务总局公告 2016 年第 64 号规定，遵循独立交易原则就 A 公司的功能风险、可比交易数据、价值链分析和贡献分析、关键假设等方面开展分析评估，并按照税务机关内部管理规定做好相关工作。在单边预约定价安排签署后，税务机关需要按照规定做好文本信息交换和监控执行工作。

依 据

《国家税务总局关于单边预约定价安排适用简易程序有关事项的公告》（国家税务总局公告 2021 年第 24 号）第三条

52. 预约定价安排文本包括哪些内容？

解 答

预约定价安排文本可以包括以下内容：

（1）企业及其关联方名称、地址等基本信息；

（2）预约定价安排涉及的关联交易及适用年度；

（3）预约定价安排选用的定价原则和计算方法，以及可比价格或者可比利润水平等；

（4）与转让定价方法运用和计算基础相关的术语定义；

（5）假设条件及假设条件变动通知义务；

（6）企业年度报告义务；

（7）预约定价安排的效力；

（8）预约定价安排的续签；

（9）预约定价安排的生效、修订和终止；

（10）争议的解决；

（11）文件资料等信息的保密义务；

（12）单边预约定价安排的信息交换；

（13）附则。

解读

单边预约定价安排文本可参照《国家税务总局关于完善预约定价安排管理有关事项的公告》（国家税务总局公告2016年第64号）附件4，参照文本样式如下：

单边预约定价安排

（参照文本）

根据《中华人民共和国企业所得税法》及其实施条例和《中华人民共和国税收征收管理法》及其实施细则的有关规定，经_____（企业）正式申请，_____税务局确认，双方愿意签署本预约定价安排。

第一条　一般定义

在本预约定价安排中，除上下文另有解释的以外：

（一）"主管税务机关"是指_____税务局。

（二）"纳税人"是指_____（企业），纳税人识别号（统一社会信用代码）＿＿＿＿＿＿，地址＿＿＿＿＿＿。

第二条 适用范围

（一）税种范围：本预约定价安排适用所得税以及其他税种。

（二）企业与其关联方之间业务往来类型：本预约定价安排适用于企业与其关联方＿＿＿＿之间的＿＿＿＿＿业务往来。

第三条 适用期间

本预约定价安排适用于＿＿＿年至＿＿＿年共＿＿个纳税年度，每一纳税年度自＿＿月＿＿日至＿＿月＿＿日。

第四条 关键假设

本预约定价安排选用的定价原则和计算方法是基于以下假设条件：

＿＿＿＿＿＿＿＿＿＿＿＿＿＿＿＿＿＿＿＿＿＿＿＿＿＿＿＿＿＿

＿＿＿＿＿＿＿＿＿＿＿＿＿＿＿＿＿＿＿＿＿＿＿＿＿＿＿＿＿＿

在执行期内，若上述假设条件发生变化，企业应在发生变化 30 日内向主管税务机关报告，双方视具体情况修订或终止本预约定价安排。

第五条 转让定价方法

＿＿＿＿＿＿（企业）与其关联方之间＿＿＿＿＿（关联交易）采用的转让定价原则和计算方法为＿＿＿＿＿＿。（每一关联交易分别列明）

第六条 年度报告

在预约定价安排适用期间，企业应在每个纳税年度终了后六个月内提交预约定价安排执行情况的年度报告，并提交如下资料：

＿＿＿＿＿＿＿＿＿＿＿＿＿＿＿＿＿＿＿＿＿＿＿＿＿＿＿＿＿＿

第七条 预约定价安排的效力

在本预约定价安排适用期间，双方均应遵照执行。如果企业没有遵照执行，主管税务机关可视具体情况进行处理，或单方终止本预约定价安排。

第四篇　预约定价安排

第八条　预约定价安排的续签

本预约定价安排不作为续签的依据。企业应当按照有关规定提出续签申请。

第九条　争议的解决

如双方就本预约定价安排的实施和解释发生歧义，应先协商解决。经协商不能解决的，双方均可向上一级税务机关申请协调；预约定价安排同时涉及两个或者两个以上省、自治区、直辖市和计划单列市税务机关的，双方均可向国家税务总局申请协调。如果企业不能接受协调结果，可以考虑修订或终止本预约定价安排。

第十条　保密义务和责任

主管税务机关与企业在本预约定价安排的谈签及执行过程中获取的信息，双方均负有保密义务。

国家税务总局可以按照有关规定与其他国家（地区）税务主管当局就单边预约定价安排文本实施信息交换（涉及国家安全的信息除外）。

第十一条　生效、修订与终止

本预约定价安排自双方法定代表人或其授权人签字盖章后生效。

由主管税务机关和企业的法定代表人或者其授权代表于_____年___月___日在_____签署本预约定价安排。

主管税务机关或企业修订或终止预约定价安排，均应书面通知对方。通知内容包括修订或终止时间及原因。

第十二条　附则

本预约定价安排应当使用中文，一式____份，主管税务机关和企业各执一份。

特别纳税调整百问百答

_____税务局　　　　　　　_____（企业）

签名：　　　日期：　　　　　　　　签名：　　　日期：

职务：　　　盖章：　　　　　　　　职务：　　　盖章：

依 据

《国家税务总局关于完善预约定价安排管理有关事项的公告》（国家税务总局公告 2016 年第 64 号）第九条、附件 4

53. 预约定价安排续签该如何办理？

解 答

预约定价安排执行期满后自动失效。企业申请续签的，应当在预约定价安排执行期满之日前 90 日内向税务机关提出续签申请，报送《预约定价安排续签申请书》，并提供执行现行预约定价安排情况的报告，现行预约定价安排所述事实和经营环境是否发生实质性变化的说明材料以及续签预约定价安排年度的预测情况等相关资料。

解 读

企业与税务机关达成的预约定价安排期满后会自动失效，如需续签，企业需向税务机关提出申请，申请基本流程如图 4-3 所示。

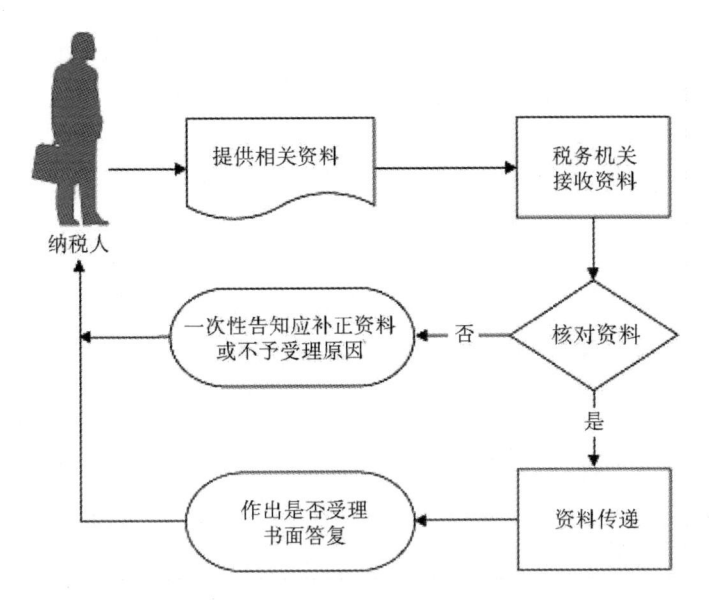

图 4-3　预约定价安排续签申请基本流程

另外,根据《国家税务总局关于单边预约定价安排适用简易程序有关事项的公告》(国家税务总局公告 2021 年第 24 号)规定,如果自企业提交申请之日所属纳税年度前 10 个年度内,曾执行预约定价安排,且执行结果符合安排要求的,可以申请适用单边预约定价安排简易程序。

依 据

《国家税务总局关于完善预约定价安排管理有关事项的公告》(国家税务总局公告 2016 年第 64 号)第十一条

《国家税务总局关于单边预约定价安排适用简易程序有关事项的公告》(国家税务总局公告 2021 年第 24 号)第三条

54. 预约定价安排的信息资料有哪些保密性规定？

解答

税务机关与企业在预约定价安排谈签过程中取得的所有信息资料，双方均负有保密义务。除依法应当向有关部门提供信息的情况外，未经纳税人同意，税务机关不得以任何方式泄露预约定价安排相关信息。

税务机关与企业不能达成预约定价安排的，税务机关在协商过程中所取得的有关企业的提议、推理、观念和判断等非事实性信息，不得用于对该预约定价安排涉及关联交易的特别纳税调查调整。

除涉及国家安全的信息以外，国家税务总局可以按照对外缔结的国际公约、协定、协议等有关规定，与其他国家（地区）税务主管当局就2016年4月1日以后签署的单边预约定价安排文本实施信息交换。企业应当在签署单边预约定价安排时提供其最终控股公司、上一级直接控股公司及单边预约定价安排涉及的境外关联方所在国家（地区）的名单。

解读

税基侵蚀与利润转移（BEPS）第5项行动计划最低标准要求BEPS参与国交换单边预约定价安排信息，同时也对信息交换的保密性作出了严格规定。按照有关规定，我国与其他国家（地区）税务主管当局将严格遵守信息交换的有关保密规定，并接受二十国集团（G20）和OECD的审议和监督。

第四篇　预约定价安排

依　据

《国家税务总局关于完善预约定价安排管理有关事项的公告》（国家税务总局公告 2016 年第 64 号）第十九条、第二十条

《关于〈国家税务总局关于完善预约定价安排管理有关事项的公告〉的解读》第三条

55. 企业谈签与执行预约定价安排时可能存在哪些风险？

解　答

企业在申请与执行预约定价安排时可能存在如下风险：

（1）谈签意向被税务机关拒绝的风险。

税务机关可以在下列情形下拒绝企业提交谈签意向：

①税务机关已经对企业实施特别纳税调整立案调查或者其他涉税案件调查，且尚未结案的；

②未按照有关规定填报年度关联业务往来报告表；

③未按照有关规定准备、保存和提供同期资料；

④预备会谈阶段税务机关和企业无法达成一致意见。

（2）正式申请被税务机关拒绝的风险。

税务机关可以在下列情形下拒绝企业提交正式申请：

①预约定价安排申请草案拟采用的定价原则和计算方法不合理，且企业拒绝协商调整；

②企业拒不提供有关资料或者提供的资料不符合税务机关要求的，且不按时补正或者更正；

③企业拒不配合税务机关进行功能和风险实地访谈；

④其他不适合谈签预约定价安排的情况。

（3）预约定价安排被暂停、终止的风险。

税务机关发现企业或者其关联方故意不提供与谈签预约定价安排有关的必要资料，或者提供虚假、不完整资料，或者存在其他不配合的情形，使预约定价安排难以达成一致的，可以暂停、终止预约定价安排程序。

（4）预约定价安排无效的风险。

没有按照规定的权限和程序签署预约定价安排，或者税务机关发现企业隐瞒事实的，应当认定预约定价安排自始无效。

（5）未报送年度报告的风险。

预约定价安排执行期间，企业应当完整保存有关的文件和资料，并应在纳税年度终了后6个月内向税务机关报送年度报告。如果企业未履行报告义务或报告不真实，税务机关可以终止预约定价安排的执行。

（6）未报送实质性变化风险。

预约定价安排执行期间，企业发生影响预约定价安排的实质性变化，应当在发生变化之日起30日内书面报告主管税务机关，并附送相关资料。由于非主观原因而无法按期报告的，可以延期报告，但延长期限不得超过30日。如果企业未履行报告义务或报告不真实，税务机关可以终止预约定价安排的执行。

（7）超出四分位区间风险。

预约定价安排采用四分位法确定价格或者利润水平，在预约定价安排执行期间，如果企业当年实际经营结果在四分位区间之外，则存在被税务机关将实际经营结果调整到四分位区间中位值的风险。

（8）续签申请不被受理风险。

预约定价安排执行期满后自动失效，企业申请续签的，应当在预约定价安排执行期满之日前90日内向税务机关提出续签申请。如果未在规定期限提交申请，将会造成续签申请不被受理的风险。

第四篇　预约定价安排

另外，在预约定价安排执行期内，企业各年度经营结果的加权平均值低于四分位区间中位值，且企业未调整至四分位中位值的，将会造成续签申请不被受理的风险。

依　据

《国家税务总局关于完善预约定价安排管理有关事项的公告》（国家税务总局公告 2016 年第 64 号）第六条、第八条、第十条、第十二条、第十四条、第十五条

56. 新冠肺炎疫情对预约定价安排带来哪些影响？

解　答

新冠肺炎疫情（以下简称疫情）导致了经济状况的重大变化，已谈签的预约定价安排的适用年度涉及受疫情影响的财年，而许多预约定价安排在达成一致时，并未预料到会发生这些变化。纳税人和税务机关在谈判预约定价安排时，也可能需要考虑疫情导致的经济环境变化。

除非出现导致撤销或修订现有预约定价安排的情况（如违反关键假设），否则，现有的预约定价安排及其条款应该得到尊重、维护和遵守。纳税人和税务机关不能因为经济环境的变化而将现有预约定价安排的条款视为无效，也不能随意更改条款。

如果经济状况发生重大变化，导致一项或多项关键假设被违反，纳税人应当在发生变化或意识到变化后尽快告知相关税务机关，收集相关证明材料并向税务机关提供。

若外部环境不明朗，面临着巨大的经济不确定性，纳税人与税务机关

可能难以就未来的预约定价安排达成一致意见，但预约定价安排在为纳税人和税务机关提供税收确定性以及防止未来税收纠纷方面仍然会发挥比较重要的作用。

解读

OECD 于 2020 年 12 月 18 日发布了《关于新冠肺炎疫情影响的转让定价指引》（以下简称《指引》），旨在为税务机关与跨国企业如何从转让定价角度分析疫情所造成的影响提供指导性建议。《指引》共针对四个重点议题，其中第四个议题为"预约定价安排"。总体而言，《指引》鼓励纳税人以坦诚合作的方式与税务机关积极开展协商。

对于适用年度受疫情影响的已签订的预约定价安排，《指引》明确指出除非疫情导致预约定价安排需要被修订或终止（如关键假设条件无法实现），否则税企双方应尊重、维持和支持现有的预约定价安排。针对疫情导致需要修订、终止预约定价安排的情形，《指引》将"关键假设条件无法实现"作为其中一项重要标准，并强调需要证明疫情对适用年度的经济环境已经造成显著的变化，且在税企双方签订或执行预约定价安排时并未预期这种变化的出现。

对此，《指引》提出有必要评估经济环境的变化对执行已签订的预约定价安排的影响程度。在关键假设条件无法实现时，需要评估相关参数在受疫情影响的情况下，与预约定价安排中作为关键假设的相关参数有何差异，以及预约定价安排所采用的转让定价方法是否能够在疫情经济环境下继续有效地体现独立交易原则。

《指引》建议，纳税人在关键假设条件无法实现时应尽早通知税务机关，以便双方有更多时间开展协商并就修订意见达成协议。尽管根据双边协议或国内法律法规，无法执行预约定价安排的后果可能不同，但《指

第四篇　预约定价安排

引》要求税务机关采取与前述关键假设条件无法实现时同样的方式处理该问题，以确定是否需要修订或终止预约定价安排。

针对税企双方正在开展协商的预约定价安排，鉴于经济环境和商业活动变化产生的不确定性，纳税人可能不愿意继续推进相关预约定价安排。对此，《指引》重申了预约定价安排在实现税收确定性和防止未来税务争议方面的重要作用。因此，《指引》鼓励税企双方采取灵活协作的方式来解决争议。

> **依　据**

《关于新冠肺炎疫情影响的转让定价指引》（Guidance on the Transfer Pricing Implications of the COVID – 19 Pandemic）

第五篇　成本分摊协议

57. 什么是成本分摊协议？

解　答

依据《跨国企业与税务机关转让定价指南（2022）》的定义，成本分摊协议是一种各参与方用来约定在共同研发、生产或受让无形资产、有形资产和服务时各自应做出的贡献和需承担的风险，并预期上述无形资产、有形资产或服务会为各参与方创造收益的合同安排。

解　读

目前，我国法律和税收政策没有明确定义成本分摊协议。按照《企业所得税法》及其实施条例、税收政策的有关规定，参与方在共同开发、受让无形资产，或者共同提供、接受劳务前，需要签订一份协议来明确参与方的权利和义务，以及预期收益、成本金额分配比例等事项，这份协议就是成本分摊协议。成本分摊协议可以是关联方之间达成的，也可以是非关联方之间达成的。共同参与、共担风险、共享收益是成本分摊协议的基本特征。

如果企业与其关联方之间达成的成本分摊协议符合独立交易原则、成本与预期收益相配比的原则，且能按照税务机关的要求报送有关资料，参与方可以按照《企业所得税法》的有关规定在税前扣除，否则税务机关有权作出调整。

符合独立交易原则、成本与预期收益相配比原则的成本分摊协议，还应符合其他有关税收政策规定。例如，接受广告劳务的成本分摊协议金额在企业所得税税前扣除时，不得违反《财政部　税务总局关于广告费和业务宣传费支出税前扣除有关事项的公告》（财政部　税务总局公告2020年第43号）的规定。如果成本分摊协议约定的内容符合《财政部　国家税务总局　科技部关于完善研究开发费用税前加计扣除政策的通知》（财税〔2015〕119号）的规定，还可以享受研究开发费用加计扣除的政策。

例5-1　某跨国集团计划进行一项无形资产的研发，其下属A公司、B公司共同组建了一个研发团队进行研发。三方签署的研发协议规定，A公司和B公司研发活动发生的支出可以从集团公司得到补偿，但研发成功后无形资产的所有权归集团所有。在这个协议中，A公司和B公司虽然共同参与了研发活动，但其没有承担风险，没有分摊成本，对研发成果没有所有权、没有使用权，不能从研发成果使用中获取收益，因而其应被视为跨国集团在该项无形资产研发过程中的服务提供方。三方签署的研发协议，也不是本章所论述的成本分摊协议。

依　据

《中华人民共和国企业所得税法》第四十一条第二款

《跨国企业与税务机关转让定价指南（2022）》（OECD Transfer Pricing Guidelines for Multinational Enterprises and Tax Administrations 2022）

58. 什么是成本分摊协议管理？

解答

成本分摊协议管理，是指税务机关按照《企业所得税法》第四十一条第二款的规定，对企业与其关联方签署的成本分摊协议是否符合独立交易原则进行审核评估和调查调整等工作的总称。

解读

企业签订、执行成本分摊协议，无须经过税务机关审核，但税务机关可以对成本分摊协议进行后续管理。如果成本分摊协议不符合独立交易原则和成本与预期收益相匹配的原则，税务机关将实施特别纳税调查调整。

成本分摊协议管理的主体是税务机关，依据是《企业所得税法》及其实施条例等相关规定，对象是企业与其关联方签署的成本分摊协议，标准是独立交易原则和成本与预期收益相匹配原则，过程是审核、评估、调查，结果是调整与否。

因为税务机关参与了预约定价安排形式成本分摊协议的谈签工作，预约定价安排形式成本分摊协议是符合独立交易原则和成本与预期收益相匹配原则的，所以对预约定价安排形式成本分摊协议的管理，重点是监督协议的执行和调整。

需要注意的是，如果企业与其关联方分摊成本不符合独立交易原则或不符合成本与预期收益相匹配原则，其自行分摊的成本不得在计算应纳税所得额时扣除。

第五篇　成本分摊协议

依据

《国家税务总局关于印发〈特别纳税调整实施办法（试行）〉的通知》（国税发〔2009〕2号）第五条

《国家税务总局关于规范成本分摊协议管理的公告》（国家税务总局公告2015年第45号）第二条

59. 成本分摊协议的税务管理形式有哪些？

解答

如果企业与其关联方计划签订或已经签订成本分摊协议，可以采取预约定价安排形式或备案形式向税务机关报告成本分摊协议的内容。

解读

如果企业选用预约定价安排形式签订成本分摊协议，具体流程和要求请参见本书第四部分"预约定价安排"相关内容。

如果企业选用备案形式，企业应自与其关联方签订（变更）成本分摊协议之日起30日内，向主管税务机关报送成本分摊协议副本，并在年度企业所得税纳税申报时，附送《中华人民共和国企业年度关联业务往来报告表》。企业与其关联方签订（变更）成本分摊协议，即意味着与其关联方发生了关联业务往来，无论该协议执行与否，均应在办理企业所得税年度申报时，填报《中华人民共和国企业年度关联业务往来报告表》。

依 据

《国家税务总局关于印发〈特别纳税调整实施办法（试行）〉的通知》（国税发〔2009〕2号）第七十三条

《国家税务总局关于规范成本分摊协议管理的公告》（国家税务总局公告2015年第45号）第一条

60. 成本分摊协议的适用范围是什么？

解 答

根据《企业所得税法》及其实施条例和有关政策规定，成本分摊协议适用于共同开发、受让无形资产，或者共同提供、接受劳务。

解 读

我国成本分摊协议适用于共同开发、受让无形资产，或者共同提供、接受劳务。成本分摊协议中，共同提供或者接受的劳务一般包含集团采购和集团营销策划。

《跨国企业与税务机关转让定价指南（2022）》中的成本分摊协议还适用于生产、共同受让有形资产等类型，但我国没有将这些类型纳入成本分摊协议适用范围。

依 据

《国家税务总局关于印发〈特别纳税调整实施办法（试行）〉的通知》

第五篇　成本分摊协议

（国税发〔2009〕2号）第六十四条、第六十七条

61. 签订成本分摊协议的基本原则是什么？

解答

签订成本分摊协议时，应遵循独立交易原则、成本与预期收益相匹配原则。

解读

独立交易原则是所有关联交易都应遵循的基本原则，签订成本分摊协议时也应遵循该原则。独立交易原则的解答解读参见"22. 什么是独立交易原则？"相关内容。

成本与预期收益相匹配原则，是指成本分摊协议的参与方对开发、受让的无形资产或参与的劳务活动享有受益权，并承担相应的活动成本，关联方承担的成本应与非关联方在可比条件下为获得上述受益权而支付的成本相一致。

参与各方应采用一致的会计处理方法来核算成本和利润。参与方应当确定合理的预计成本、收益数据。预期收益合理预计应建立在合理商业假设、营业常规的基础上，再考虑选址节约、市场溢价等因素后进行量化确定。预期收益量化参数应当反映无形资产或劳务的特点，量化参数应当选取最能体现无形资产、劳务价值的指标。

依据

《中华人民共和国企业所得税法实施条例》第一百一十二条

《国家税务总局关于印发〈特别纳税调整实施办法(试行)〉的通知》(国税发〔2009〕2号)第六十五条、第六十六条

62. 参与方使用成本分摊协议所开发或受让的无形资产是否需要支付费用?

解答

参与方使用成本分摊协议所开发或受让的无形资产不需另外支付特许权使用费。

解读

成本分摊协议的参与方为开发、受让无形资产付出了成本,参与方共同开发、受让的无形资产属于参与方共有。参与方有权以无形资产所有者的名义使用这项无形资产,不需要以被授权使用的名义使用这项无形资产,因此,参与方不需要向其他参与方支付费用。

成本分摊协议参与方以外的其他方需要使用共同开发的无形资产时,应支付费用。

在无形资产开发过程中需要使用参与方已经拥有的无形资产时,应向无形资产所有者支付费用,但交易条件应符合独立交易原则。

依 据

《国家税务总局关于印发〈特别纳税调整实施办法（试行）〉的通知》（国税发〔2009〕2号）第六十五条第二款

63. 成本分摊协议的内容主要有哪些？

解 答

成本分摊协议主要包括以下内容：

（1）参与方的名称、所在国家（地区）、关联关系、在协议中的权利和义务；

（2）成本分摊协议所涉及的无形资产或劳务的内容、范围，协议涉及研发或劳务活动的具体承担者及其职责、任务；

（3）协议期限；

（4）参与方预期收益的计算方法和假设；

（5）参与方初始投入和后续成本支付的金额、形式、价值确认的方法以及符合独立交易原则的说明；

（6）参与方会计方法的运用及变更说明；

（7）参与方加入或退出协议的程序及处理规定；

（8）参与方之间补偿支付的条件及处理规定；

（9）协议变更或终止的条件及处理规定；

（10）非参与方使用协议成果的规定。

解读

尽管每份成本分摊协议的内容不尽相同，但应按照上述主要内容拟定成本分摊协议，避免缺失关键内容。成本分摊协议内容是否完整，是税务机关成本分摊协议管理的重点。

依据

《国家税务总局关于印发〈特别纳税调整实施办法（试行）〉的通知》（国税发〔2009〕2号）第六十八条

64. 企业执行成本分摊协议期间是否应进行补偿调整？

解答

企业执行成本分摊协议期间，参与方实际分享的收益与分摊的成本不配比的，应当根据实际情况做出补偿调整。参与方未做补偿调整的，税务机关应当实施特别纳税调查调整。

解读

成本分摊协议从签署到执行结束，如果各参与方承担的成本与收益相匹配，那么在执行成本分摊协议期间就不需要进行补偿调整，否则，就应进行补偿调整。

签署成本分摊协议时，成本、预期收益数据是根据一定规则预测得来的。如果成本分摊协议在执行过程中条件发生改变，从而导致参与方承担的成本与获得的收益不匹配，这时就应进行补偿调整，各调整方将补偿调整损益计入当年度应纳税所得额。

补偿调整的方法有两种：一种是参与方收益分配比例不变，调整参与方成本分摊金额；另一种是参与方成本分摊金额不变，调整参与方收益分配比例。

例 5-2 A 公司和 B 公司成本分摊协议成本和预期收益金额如表 5-1 所示。

表 5-1 成本和预期收益金额 单位：万元

项目	签订成本分摊协议计划金额		执行成本分摊协议发生金额	
	A 公司	B 公司	A 公司	B 公司
承担成本	70	30	70	60
预期收益	70	30		

如上表，如果参与方收益比例不变，调整参与方成本分摊金额，那么 A 公司应向 B 公司支付 21 万元｛（70+60）×［70÷（70+30）］-70｝的成本补偿；如果参与方成本分摊金额不变，调整参与方收益分配比例，那么 A 公司的收益金额应从 70 万元调整到 53.85 万元［70÷（70+60）×（70+30）］，B 公司的收益金额应从 30 万元调整到 46.15 万元［60÷（70+60）×（70+30）］。

在成本分摊协议执行期间，增加或减少参与方数量的，应按照独立交易原则、成本与预期收益相匹配原则重新确定各参与方的成本和预期收益。原参与方应将重新确定的成本和预期收益与发生变化前的成本和预期收益进行对比，如有差额的，应将差额按资产购置或处置的有关规定确定收益或者损失。

依 据

《国家税务总局关于印发〈特别纳税调整实施办法（试行）〉的通知》（国税发〔2009〕2号）第七十一条

《国家税务总局关于规范成本分摊协议管理的公告》（国家税务总局公告2015年第45号）第三条

65. 企业执行成本分摊协议期间需要完成哪些相关申报？

解 答

企业应自与其关联方签订（变更）成本分摊协议之日起30日内，向主管税务机关报送成本分摊协议副本，并在年度企业所得税纳税申报时，附送《中华人民共和国企业年度关联业务往来报告表》。

企业签订或者执行成本分摊协议的，应按纳税年度准备成本分摊协议特殊事项文档，并按税务机关要求提供。

成本分摊协议特殊事项文档包括的内容，请参见本书第三部分"同期资料"相关内容。

解 读

参与成本分摊协议的企业应按规定准备特殊事项文档，如果企业有其他类型的关联交易，则还应自行判断是否需要准备其他同期资料。

在成本分摊协议特殊事项文档中，企业须披露的信息不限于自身支付或收取的金额，还包括本年度按照成本分摊协议发生的成本总额及构成情况。

成本分摊协议特殊事项文档的准备存在豁免情形，满足下列条件之一的企业可以不准备：

（1）企业仅与境内关联方发生关联交易的；

（2）企业执行预约定价安排的，可以不准备预约定价安排涉及关联交易的特殊事项文档，且关联交易金额不计入《国家税务总局关于完善关联申报和同期资料管理有关事项的公告》（国家税务总局公告2016年第42号）第十三条规定的关联交易金额范围。

依 据

《国家税务总局关于完善关联申报和同期资料管理有关事项的公告》（国家税务总局公告2016年第42号）第十五条、第十六条、第十八条

《国家税务总局关于规范成本分摊协议管理的公告》（国家税务总局公告2015年第45号）第一条

66. 成本分摊协议分摊的成本在企业所得税税前扣除有何规定？

解 答

企业与其关联方签署成本分摊协议，有下列情形之一的，其自行分摊的成本不得在企业所得税税前扣除：

（1）不具有合理商业目的和经济实质；

（2）不符合独立交易原则；

（3）没有遵循成本与预期收益配比原则；

（4）未按《国家税务总局关于印发〈特别纳税调整实施办法（试行）〉的通知》（国税发〔2009〕2号）有关规定备案或准备、保存和提供

有关成本分摊协议的同期资料；

（5）自签署成本分摊协议之日起经营期限少于20年。

解读

在签订成本分摊协议前，参与方应重点考虑成本分摊协议是否符合独立交易原则、成本与预期收益是否匹配、是否具有合理商业目的和经济实质、20年经营期限等因素。

准备、保存、提交成本分摊协议特殊事项文档，成本分摊协议备案，都属于事务性因素，按照规定办理即可。

依据

《中华人民共和国企业所得税法实施条例》第一百一十二条第三款

《国家税务总局关于印发〈特别纳税调整实施办法（试行）〉的通知》（国税发〔2009〕2号）第七十五条

《国家税务总局关于规范成本分摊协议管理的公告》（国家税务总局公告2015年第45号）第一条

第六篇　受控外国企业

67. 什么是受控外国企业管理？

解　答

受控外国企业管理，是指税务机关按照《企业所得税法》第四十五条的规定，对受控外国企业不作利润分配或减少分配进行审核评估和调查，并对归属于中国居民企业的部分进行调整等工作的总称。

解　读

受控外国企业管理的主体是税务机关，对象是居民企业、中国居民，目标是居民企业和中国居民控制的外国企业利润分配情况，手段是进行审核评估和调查，结果是要求居民企业和中国居民将受控外国企业不分配或少分配的利润视同利润分配申报缴纳企业所得税和个人所得税。

居民企业，是指依法在中国境内成立，或者依照外国（地区）法律成立但实际管理机构在中国境内的企业。包括：

（1）中国境内成立的企业是居民企业，包括依照中国法律、行政法规在中国境内成立的企业、事业单位、社会团体，以及其他取得收入的组织。

（2）实际管理机构在中国境内的居民企业，是指企业是依照外国（地区）法律成立的，但是对该企业的生产经营、人员、账务、财产等实施实质性全面管理和控制的机构在中国境内。

中国居民，是指根据《中华人民共和国个人所得税法》的规定，就其从中国境内、境外取得的所得在中国缴纳个人所得税的个人，包括：

（1）具有中国国籍的个人；

（2）外国人、无国籍人依照《中华人民共和国个人所得税法》判定为中国税收居民，就其从中国境内、境外取得的所得在中国缴纳个人所得税的个人。

例 6-1 A 公司为中国居民企业，主营业务为化工产品销售。B 公司为 A 公司在中国香港设立的全资子公司，主要从事国际贸易、信息咨询、投资业务。B 公司在香港设立了全资子公司 C 公司，主要从事股权投资。2011 年，B 公司将其持有的 C 公司 100% 股权转让，取得约 3 亿元的转让所得。为享受《企业所得税法》第二十六条有关"符合条件的居民企业之间的股息、红利等权益性投资收益"免征所得税的待遇，B 公司于 2012 年向内地税务机关提出非境内注册居民企业身份申请。税务机关发现，B 公司一直未对 A 公司做任何利润分配，于是开展了深入调查。最终，税务机关认定 B 公司的所得为消极所得，且并非出于合理经营需要对利润不作分配，属于受控外国企业。最终，税务机关对归属 A 公司的 3 亿元利润进行了特别纳税调整，补缴税款 8000 多万元。①

---

① 武礼斌，施志群，董晗．"走出去"企业也有可能被反避税调查[N]．中国税务报，2015-09-04（05）．

依 据

《中华人民共和国企业所得税法》第二条

《中华人民共和国企业所得税法实施条例》第一百一十六条

《中华人民共和国个人所得税法》第八条

《国家税务总局关于印发〈特别纳税调整实施办法（试行）〉的通知》（国税发〔2009〕2号）第七十六条

68. 什么是受控外国企业？

解 答

受控外国企业，是指由居民企业，或者由居民企业和居民个人（以下统称中国居民股东，包括中国居民企业股东和中国居民个人股东）控制的设立在实际税负低于《企业所得税法》第四条第一款规定税率水平50%的国家（地区），并非出于合理经营需要对利润不作分配或减少分配的外国企业。

居民个人控制的，或者居民个人和居民企业共同控制的设立在实际税负明显偏低的国家（地区）的企业，无合理经营需要，对应当归属于居民个人的利润不作分配或者减少分配的，税务机关有权按照合理方法进行纳税调整。

解 读

构成受控外国企业需同时符合4个条件：第一，受控的是外国企业，不是居民企业；第二，是由中国居民企业、中国居民个人、中国居民企业和中国居民个人共同直接或者间接控制的外国企业；第三，外国企业位于实际税负低于《企业所得税法》第四条第一款规定税率水平50%（一般是指实际税负低于12.5%）的国家（地区）；第四，外国企业有盈利，存在没有出于合理经营需要对利润不分配或者减少分配的事实。

中国居民企业股东能够提供资料证明其控制的外国企业满足以下条件之一的，可以免于将受控外国企业未分配、少分配的股息视同分配股息：

（1）设立在国家税务总局指定的非低税率国家（美国、英国、法国、德国、日本、意大利、加拿大、澳大利亚、印度、南非、新西兰和挪威）；

（2）主要取得积极经营活动所得；

（3）年度利润总额低于500万元人民币。

考虑到一些国家税收征管制度比较严密，且适用的企业所得税法定税率不明显低于中国企业所得税税率，为了促进和这些国家的经贸往来，国家税务总局列出了上述12个非低税率国家，即所谓的"白名单"国家。中国居民企业和居民个人设立在这些国家的外国公司，不分配利润或减少分配利润，税务机关予以认可，不计入中国居民企业股东当期的视同受控外国企业股息分配的所得。另外，只要中国居民企业能够提供资料证明其控制的外国企业主要取得积极经营活动所得或年度利润总额低于500万元人民币的，也不予调整。

依据

《中华人民共和国个人所得税法》第八条

《国家税务总局关于印发〈特别纳税调整实施办法（试行）〉的通知》（国税发〔2009〕2号）第七十六条、第八十四条

《国家税务总局关于简化判定中国居民股东控制外国企业所在国实际税负的通知》（国税函〔2009〕37号）

69. 受控外国企业规则中"控制"的含义是什么？

> **解答**

受控外国企业规则中的"控制",是指在股份、资金、经营、购销等方面构成实质控制。

> **解读**

股份控制,是指由居民企业或者中国居民在纳税年度任何一天单层直接或多层间接单一持有外国企业10%以上有表决权股份,且共同持有该外国企业50%以上股份。

中国居民股东多层间接持有股份按各层持股比例相乘计算,中间层持有股份超过50%的,按100%计算。

如果居民企业,或者居民企业和中国居民持股比例未达到上述标准,但在资金、经营、购销等方面对外国企业构成实质控制的,也属于控制。

例6-2 中国居民企业A、中国居民个人C持有外国企业B股份情况如图6-1所示。

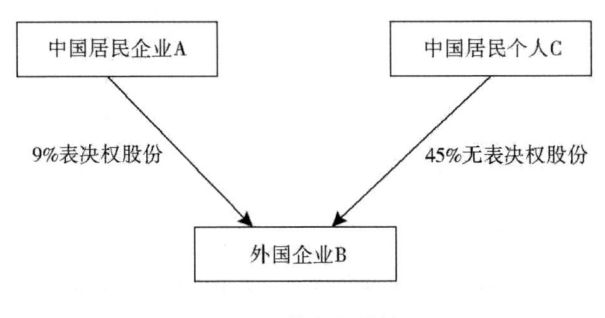

图6-1 持有股份情况

如上图所示,中国居民企业 A 持有外国企业 B 9% 的表决权股份,中国居民个人 C 持有外国企业 B 45% 的无表决权股份,那么中国居民企业 A、中国居民个人 C 与外国企业 B 均不构成股份控制。如果中国居民个人 C 持有的 45% 股份具有表决权,则满足"直接或多层间接单一持有外国企业 10% 以上有表决权股份,且共同持有该外国企业 50% 以上股份"这个条件,那么中国居民企业 A、中国居民个人 C 对外国企业 B 均构成控制。

例 6-3 中国居民企业 A 等持有股份情况如图 6-2 所示。

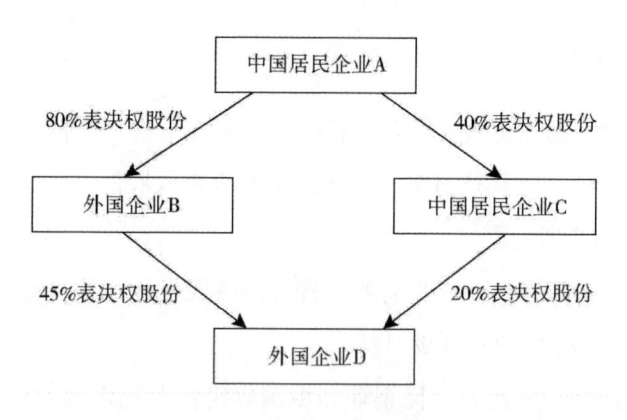

图 6-2 持有股份情况

如上图所示,中国居民企业 A 持有外国企业 B 80% 表决权股份(大于 50%),外国企业 B 持有外国企业 D 45% 表决权股份,那么中国居民企业 A 通过外国企业 B 持有外国企业 D 的股份按 45% 计算。

中国居民企业 A 持有中国居民企业 C 的 40% 表决权股份(小于 50%),中国居民企业 C 持有外国企业 D 的 20% 表决权股份,那么中国居民企业 A 通过中国居民企业 C 持有外国企业 D 股份按 8%(20%×40%)计算。

中国居民企业 A 持有外国企业 B、外国企业 D 的表决权股份均大于 10%,同时,中国居民企业 A 直接、间接持有外国企业 B、外国企业 D 的股份大于 50%（8%＋45%＝53%），所以中国居民企业 A 对外国企业 B、外国企业 D 均构成控制。

依据

《中华人民共和国企业所得税法实施条例》第一百一十七条

《国家税务总局关于印发〈特别纳税调整实施办法（试行）〉的通知》（国税发〔2009〕2 号）第七十七条

70. 居民企业发生境外投资后需要履行哪些申报义务？

解答

居民企业成立或参股外国企业，或者处置已持有的外国企业股份或有表决权股份，符合以下情形之一，且按照中国会计制度可确认的，应当在办理企业所得税预缴申报时向主管税务机关填报《居民企业参股外国企业信息报告表》：

（1）居民企业直接或间接持有外国企业股份或有表决权股份达到 10%（含）以上；

（2）居民企业在被投资外国企业中直接或间接持有的股份或有表决权股份自不足 10% 的状态改变为达到或超过 10% 的状态；

（3）居民企业在被投资外国企业中直接或间接持有的股份或有表决权股份自达到或超过 10% 的状态改变为不足 10% 的状态。

居民企业在办理企业所得税年度申报时，还应附报以下与境外所得相关的资料信息：

（1）有适用《企业所得税法》第四十五条情形或者需要适用《国家税

务总局关于印发〈特别纳税调整实施办法（试行）〉的通知》（国税发〔2009〕2号）第八十四条规定的居民企业填报《受控外国企业信息报告表》；

（2）纳入《企业所得税法》第二十四条规定抵免范围的外国企业或符合《企业所得税法》第四十五条规定的受控外国企业按照中国会计制度编报的年度独立财务报表。

解读

居民企业提供的受控外国企业的财务报表应该按照中国会计制度编报。居民企业已经按照国际财务报告体系（IFRS）或其他非中国会计制度编报财务报表的，应该按照合理方法调整为符合中国会计制度要求后，向税务机关提供。

对于纳税人报告的各类信息资料，除指出报告信息资料存在问题的外，主管税务机关不得拒绝，应当及时受理。主管税务机关接收纳税人报告的各类信息资料，并不代表主管税务机关认可这些信息资料，纳税人仍应就报告信息的真实性、完整性和准确性承担全部责任。

居民企业应当按照《税收征收管理法》第二十五条的规定履行申报义务。

依据

《中华人民共和国税收征收管理法》第二十五条

《国家税务总局关于印发〈特别纳税调整实施办法（试行）〉的通知》（国税发〔2009〕2号）第七十八条、第七十九条

《国家税务总局关于居民企业报告境外投资和所得信息有关问题的公

告》(国家税务总局公告 2014 年第 38 号)

71. 居民企业控制的外国企业未分配、少分配股息应如何进行税务处理?

解 答

居民企业应将受控外国企业未分配、少分配的股息视同分配股息,计入当期所得,申报缴纳税款。

视同分配股息已经缴纳的税款可以按照《企业所得税法》或税收协定的规定抵免。

受控外国企业实际分配已经视同分配的股息时,不再计入居民企业股东的当期所得。

解 读

税务机关应汇总、审核居民企业申报的对外投资信息,向被认定为受控外国企业的居民企业股东送达《受控外国企业中国居民股东确认通知书》。

计入中国居民企业股东当期的视同受控外国企业股息分配的所得,应按以下公式计算:

中国居民企业股东当期所得=视同股息分配额×实际持股天数÷受控外国企业纳税年度天数×股东持股比例

中国居民股东多层间接持有股份的,股东持股比例按各层持股比例相乘计算。

受控外国企业与中国居民企业股东纳税年度存在差异的,应将视同股息分配所得计入受控外国企业纳税年度终止日所属的中国居民企业股东的纳税年度。

计入中国居民企业股东当期所得已在境外缴纳的企业所得税税款，可按照《企业所得税法》或税收协定的有关规定抵免。

受控外国企业实际分配的利润已根据《企业所得税法》第四十五条规定征税的，不再计入中国居民企业股东的当期所得。

例 6-4 中国居民企业 A 等持有股份情况如图 6-3 所示。

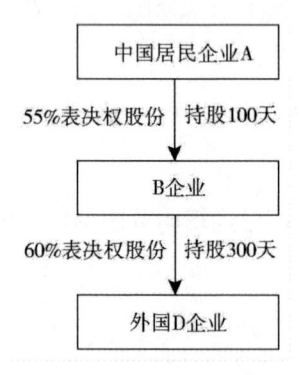

```
            中国居民企业A
        │
55%表决权股份 │ 持股100天
        ↓
            B企业
        │
60%表决权股份 │ 持股300天
        ↓
            外国D企业
```

图 6-3　持有股份情况

假如外国 D 企业有应分配而未分配利润 1000 万元，那么中国居民企业 A 应视同股息分配的所得计算如下：

（1）B 企业应视同股息分配的所得 = 1000 × 300 ÷ 365 × 60% = 493.15（万元）

（2）中国居民企业 A 应视同股息分配的所得 = 493.15 × 100 ÷ 365 × 55% = 74.31（万元）

依　据

《国家税务总局关于印发〈特别纳税调整实施办法（试行）〉的通知》

（国税发〔2009〕2号）第八十条至第八十四条

《国家税务总局关于居民企业报告境外投资和所得信息有关问题的公告》（国家税务总局公告2014年第38号）

《国家税务总局关于简化判定中国居民股东控制外国企业所在国实际税负的通知》（国税函〔2009〕37号）

第七篇 资本弱化管理

72. 什么是资本弱化管理？

解答

资本弱化管理，是指税务机关按照《企业所得税法》第四十六条的规定，对企业接受关联方债权性投资与企业接受的权益性投资的比例是否符合规定比例或独立交易原则进行审核评估和调查调整等工作的总称。

解读

企业资本一般由权益资本和债务资本构成。企业的投资者为了利益最大化或者其他目的，提高债务资本在企业资本中的比重，通过关联融资支付利息的方式进行利润转移，就形成了资本弱化。资本弱化管理的对象是企业与关联方之间的资金拆借行为，目的是防止企业利用不合理的利息支出转移利润。

债权性投资，是指企业需要偿还本金和支付利息或者需要以其他具有支付利息性质的方式予以补偿的融资。债权性投资一般是以获取资金占用费为目的，不以获取借入方的剩余资产为目的，将资金借出的投资行为。

融资的方式有银行贷款、集团资金池、转贷、担保贷款、融资租赁、补偿贸易等。

企业间接从关联方获得债权性投资包括：①关联方通过无关联第三方提供的债权性投资；②无关联第三方提供的、由关联方担保且负有连带责任的债权性投资；③其他间接从关联方获得的具有负债实质的债权性投资。

权益性投资，是指企业接受的不需要偿还本金和支付利息，投资人对企业净资产拥有所有权的投资。权益性投资一般是为了获取被投资企业的权益，或者为了实现对被投资企业的重大影响、控制而对被投资企业进行的投资。

例 7-1 中国 B 公司为外国 A 公司全资子公司。B 公司因扩大生产需增加营运资金 100 万元。增加营运资金有两种方案可以选择：一种是 A 公司对 B 公司增加注册资本；另一种是 A 公司借款给 B 公司（年利率为 8%）。假设两种方式下 B 公司的年度息税前利润均为 30 万元；中国和 A 公司所在国签订的税收协定约定对股息、利息均按 10% 征收预提所得税；B 公司将该年度全部税后利润进行分配。不考虑其他应缴税费及税收优惠政策，两种增加营运资金的方案比较见表 7-1。

表 7-1　　　　　两种增加营运资金的方案比较　　　　　单位：万元

	公式	增加注册资本	借款
增加营运资金（A）	—	100	100
息税前利润（B）	—	30	30
利息支付（C）	C = 借款 × 8%	0	8
应税所得（D）	D = B - C	30	22
企业所得税（E）	E = D × 25%	7.5	5.5

续表

	公式	增加注册资本	借款
股息支付（F）	F = D − E	22.5	16.5
股息预提所得税（G）	G = F × 10%	2.25	1.65
利息预提所得税（H）	H = C × 10%	0	0.8
整体税收负担（I）	I = E + G + H	9.75	7.95
A公司收益（J）	J =（C − H）+（F − G）	20.25	22.05

从上表可见，A 公司可以通过提升债权性投资在企业资本中的比重，实现整体税负降低和整体利益最大化。

依据

《中华人民共和国企业所得税法实施条例》第一百一十九条

《国家税务总局关于印发〈特别纳税调整实施办法（试行）〉的通知》（国税发〔2009〕2号）第七条

73. 关联方利息支出在企业所得税税前扣除的比例有什么规定？

解答

企业从其关联方接受债权性投资的，金融企业关联方债权性投资与其权益性投资比例不超过5∶1的，其他企业关联方债权性投资与其权益性投资比例不超过2∶1的，在计算应纳税所得额时，实际支付给关联方的利息支出准予扣除，超过的部分不得在发生当期和以后年度扣除。

企业同时从事金融业务和非金融业务，其实际支付给关联方的利息支出，应按照合理方法分开计算；没有按照合理方法分开计算的，一律按其他企业关联方债权性投资与其权益性投资比例 2∶1 的比例计算准予税前扣除的利息支出。

如果关联方债权性投资是多个主体，应按照实际支付给各关联方利息占关联方利息总额的比例，在各关联方之间进行分配。其中，分配给实际税负高于企业的境内关联方的利息准予扣除；直接或间接实际支付给境外关联方的利息应视同分配的股息，按照股息和利息分别适用的所得税税率差补征企业所得税，如已扣缴的所得税税款多于按股息计算应征所得税税款，多出的部分不予退税。

解　读

债权性投资支付的利息应符合独立交易原则。如果支付利息的利率不符合独立交易原则，应先对支付利息的利率进行特别纳税调整，再就资本弱化进行特别纳税调整。

例 7 - 2　A 企业是非金融企业，2020 年度应付关联方利息为 120 万元（利率为 12%），关联债资比例为 4∶1，假设同期银行贷款利率为 10%。

第一步：对不符合独立交易原则的利息进行调整。不符合独立交易原则的利息支出金额 = 120 - 120 ÷ 12% × 10% = 20（万元）。

第二步：对资本弱化进行调整。该企业关联债资比例为 4∶1，超过了标准比例 2∶1，不得扣除利息支出 = 120 ÷ 12% × 10% ×（1 - 2 ÷ 4）= 50（万元）。

上述两项合计调整金额 = 20 + 50 = 70（万元）。

依据

《中华人民共和国企业所得税法》第四十六条

《国家税务总局关于印发〈特别纳税调整实施办法（试行）〉的通知》（国税发〔2009〕2号）第八十八条

《财政部 国家税务总局关于企业关联方利息支出税前扣除标准有关税收政策问题的通知》（财税〔2008〕121号）

74. 不得在企业所得税税前扣除的关联方利息支出如何计算？

解答

不得在计算应纳税所得额时扣除的利息支出计算公式为：

不得扣除利息支出 = 年度实际支付的全部关联方利息 ×（1 - 标准比例 ÷ 关联债资比例）

关联债资比例 = 年度各月平均关联债权投资之和 ÷ 年度各月平均权益投资之和

各月平均关联债权投资 =（关联债权投资月初账面余额 + 月末账面余额）÷ 2

各月平均权益投资 =（权益投资月初账面余额 + 月末账面余额）÷ 2

解读

关联债权投资包括关联方以各种形式提供担保的债权性投资，如关联方借款、关联方担保贷款、集团资金池等。

利息支出包括直接或间接关联债权投资实际支付的利息、担保费、抵押费和其他具有利息性质的费用。担保费、抵押费等应是为了获得资金而支付的费用。实际支付是指企业按照权责发生制原则计入相关成本、费用的利息。

权益投资为企业资产负债表所列示的所有者权益金额。如果企业长期亏损，所有者权益小于实收资本（股本）与资本公积之和，则权益投资为实收资本（股本）与资本公积之和；如果实收资本（股本）与资本公积之和小于实收资本（股本）金额，则权益投资为实收资本（股本）金额。

例 7-3 假设某公司向关联方借款，2021 年 6 月 1 日借入 6000 万元，到 12 月 31 日仍未偿还。该公司年初所有者权益金额为 2000 万元，假设未分配利润每月增加 60 万元，年末实收资本、资本公积、盈余公积与年初数一致。则关联债资比例计算如下：

（1）计算年度各月平均关联债权投资之和。

2021 年 1—5 月平均关联债权投资额为 0；

2021 年 6—12 月平均关联债权投资额为 6000 万元；

年度各月平均关联债权投资之和 = 6000 × 7 = 42000（万元）。

（2）计算年度各月平均权益投资之和。

2021 年 1 月平均权益投资 =（2000 + 2000 + 60）÷ 2 = 2030（万元）；

2021 年 2 月平均权益投资 =（2060 + 2060 + 60）÷ 2 = 2090（万元）；

2021 年 3 月平均权益投资 =（2120 + 2120 + 60）÷ 2 = 2150（万元）；

以此类推：4 月为 2210 万元，5 月为 2270 万元，6 月为 2330 万元，7 月 2390 万元，8 月 2450 万元，9 月 2510 万元，10 月 2570 万元，11 月 2630 万元，12 月为 2690 万元。

年度各月平均关联权益投资之和 = 2030 + 2090 + 2150 + 2210 +

2270＋2330＋2390＋2450＋2510＋2570＋2630＋2690＝28320（万元）。

（3）计算关联债资比例。

关联债资比例＝42000÷28320＝1.48＜2。

依 据

《国家税务总局关于印发〈特别纳税调整实施办法（试行）〉的通知》（国税发〔2009〕2号）第八十五条、第八十六条、第九十一条

75. 超过关联债资比例的利息支出在什么条件下可以在企业所得税税前扣除？

解 答

企业如果能够按照《企业所得税法》及其实施条例的有关规定提供相关资料，并证明相关交易活动符合独立交易原则的；或者该企业的实际税负不高于境内关联方的，其实际支付给境内关联方的利息支出，在计算应纳税所得额时准予扣除。

解 读

如果企业关联方债资比例超过标准，但企业认为关联方权性投资符合独立交易原则的，应当按照《国家税务总局关于完善关联申报和同期资料管理有关事项的公告》（国家税务总局公告2016年第42号）第十七条的规定准备特殊事项文档。

企业未按规定准备、保存和提供同期资料证明关联债权投资金额、利

率、期限、融资条件以及债资比例等符合独立交易原则的，其超过标准比例的关联方利息支出，不得在计算应纳税所得额时扣除。

依 据

《国家税务总局关于印发〈特别纳税调整实施办法（试行）〉的通知》（国税发〔2009〕2号）第九十条

《财政部　国家税务总局关于企业关联方利息支出税前扣除标准有关税收政策问题的通知》（财税〔2008〕121号）

《国家税务总局关于完善关联申报和同期资料管理有关事项的公告》（国家税务总局公告2016年第42号）第十五条

第八篇 一般反避税管理

76. 如何理解一般反避税管理的概念？

解答

一般反避税管理，是指税务机关对企业实施的不具有合理商业目的的安排而减少其应纳税收入或者所得额进行审核评估和调查调整等工作的总称。

解读

税务机关对企业实施的不具有合理商业目的而获取税收利益的避税安排，实施特别纳税调整。税务机关可对存在不具有合理商业目的避税安排的企业，启动一般反避税调查。不具有合理商业目的避税安排，包括滥用税收优惠、滥用税收协定、滥用公司组织形式、利用避税港避税和其他不具有合理商业目的的安排。在实际工作中，一般反避税管理主要在间接股权转让和滥用税收协定这两个领域应用较多，对维护国家税收主权意义重大。

第八篇 一般反避税管理

依 据

《一般反避税管理办法（试行）》（国家税务总局令第32号）第二条第一款

《国家税务总局关于印发〈特别纳税调整实施办法（试行）〉的通知》（国税发〔2009〕2号）第九十二条

77. 一般反避税调查的适用范围有哪些？

解 答

《一般反避税管理办法（试行）》（国家税务总局令第32号）对于一般反避税调查适用的情况采取了反列举的形式予以明确。一般反避税管理并不是一开始就会优先适用，只有当一项避税安排不能够适用前面章节所述的任何一项反避税措施时，才会适用一般反避税条款。也就是说，一般反避税管理是穷尽所有其他的反避税措施后的最后手段。

解 读

下列情况不适用一般反避税管理：与跨境交易或者支付无关的安排；涉嫌逃避缴纳税款、逃避追缴欠税、骗税、抗税以及虚开发票等税收违法行为。

企业的安排属于转让定价、成本分摊、受控外国企业、资本弱化等其他特别纳税调整范围的，应当首先适用其他特别纳税调整相关规定；企业的安排属于受益所有人、利益限制等税收协定执行范围的，应当首先适用税收协定执行的相关规定。

依据

《一般反避税管理办法（试行）》（国家税务总局令第 32 号）第二条第二款、第六条

78. 不具有合理商业目的避税安排的主要特征有哪些？

解答

一般反避税管理中不具有合理商业目的的避税安排具有以下两大特征：一是以获取税收利益为唯一目的或者主要目的；二是以形式符合税法规定，但与其经济实质不符的方式获取税收利益。

解读

企业实施的不具有合理商业目的而获取税收利益的安排，有两个要素：一个要素是不具有合理商业目的。在评估一项安排的合理商业目的时，需要根据具体情况，综合考虑各方面因素，重点判断该安排的经济实质。另一个要素是获取税收利益。税收利益包括减少、免除或者推迟缴纳企业所得税应纳税额。

不能仅仅因为一项安排获取了税收利益，就认定其为不具有合理商业目的而获取税收利益的安排。如果企业依法享受《企业所得税法》中的税收优惠政策，而不是滥用税收优惠的，则不属于一般反避税管理的范畴。

第八篇 一般反避税管理

依 据

《一般反避税管理办法（试行）》（国家税务总局令第32号）第三条、第四条

79. 一般反避税管理的调整方法有哪些？

解 答

实施一般反避税管理，税务机关的调整方法主要有对企业的安排重新定性或重新分配；在税收上否定特定交易方的存在，或者将该交易方与其他交易方视为同一实体等。

解 读

税务机关应当以具有合理商业目的和经济实质的类似安排为基准，按照实质重于形式的原则实施一般反避税管理。调整方法包括：

（1）对安排的全部或者部分交易重新定性；

（2）在税收上否定交易方的存在，或者将该交易方与其他交易方视为同一实体；

（3）对相关所得、扣除、税收优惠、境外税收抵免等重新定性或者在交易各方间重新分配；

（4）其他合理方法。

例8-1 2013年，S省地方税务局相关部门在处理B国M公司股权转让案件过程中，通过多方调查取证，掌握了位于B国的转让方并没有经济实质，只是A国N公司为了在中国投资而设立的"导管"

· 147 ·

公司。中国税务机关在税收上否定了 M 公司的存在，不予适用中国与 B 国税收协定的相关免税条款。同时，所有支付给 M 公司的款项均被视为支付给 A 国 N 公司的款项，按照中国与 A 国的税收协定，中国税务机关可以优先行使来源国征税权，该案最终补税 4000 多万元。

依 据

《一般反避税管理办法（试行）》（国家税务总局令第 32 号）第五条

《国家税务总局关于印发〈特别纳税调整实施办法（试行）〉的通知》（国税发〔2009〕2 号）第九十四条

80. 如何开展一般反避税案件的选案和立案？

解 答

各级税务机关应结合日常税收管理工作，及时发现一般反避税案源。发现企业存在避税嫌疑的，层报省、自治区、直辖市和计划单列市（以下简称省）税务机关复核同意后，报国家税务总局申请立案。

解 读

各级税务机关应当结合工作实际，应用各种数据资源，如企业所得税汇算清缴、纳税评估、同期资料管理、对外支付税务管理、股权转让交易管理、税收协定执行等，及时发现一般反避税案源。

主管税务机关发现企业存在避税嫌疑的，层报省税务机关复核同意后，报国家税务总局申请立案。

第八篇　一般反避税管理

省税务机关应当将国家税务总局形成的立案申请审核意见转发主管税务机关。国家税务总局同意立案的，主管税务机关实施一般反避税调查。

依　据

《一般反避税管理办法（试行）》（国家税务总局令第 32 号）第七条至第九条

81. 如何开展一般反避税案件调查？

解　答

在一般反避税案件调查阶段，主管税务机关审核企业、为企业筹划安排的单位或者个人（以下简称筹划方）、关联方以及与关联业务调查有关的其他企业提供的资料，可以采用现场调查、发函协查和查阅公开信息等方式核实。

解　读

主管税务机关实施一般反避税调查时，应当向被调查企业送达《税务检查通知书》。

被调查企业认为其安排不属于《一般反避税管理办法（试行）》（国家税务总局令第 32 号）所称避税安排的，应当自收到《税务检查通知书》之日起 60 日内提供下列资料：

（1）安排的背景资料；

（2）安排的商业目的等说明文件；

（3）安排的内部决策和管理资料，如董事会决议、备忘录、电子邮件等；

（4）安排涉及的详细交易资料，如合同、补充协议、收付款凭证等；

（5）与其他交易方的沟通信息；

（6）可以证明其安排不属于避税安排的其他资料；

（7）税务机关认为有必要提供的其他资料。

企业因特殊情况不能按期提供的，可以向主管税务机关提交书面延期申请，经批准可以延期提供，但是最长不得超过30日。主管税务机关应当自收到企业延期申请之日起15日内书面回复。逾期未回复的，视同税务机关同意企业的延期申请。

企业拒绝提供资料的，主管税务机关可以按照《税收征收管理法》第三十五条的规定进行核定。

主管税务机关实施一般反避税调查时，可以要求筹划方提供有关资料及证明材料。

一般反避税调查涉及向筹划方、关联方以及与关联业务调查有关的其他企业调查取证的，主管税务机关应当送达《税务事项通知书》。

主管税务机关审核企业、筹划方、关联方以及与关联业务调查有关的其他企业提供的资料，可以采用现场调查、发函协查和查阅公开信息等方式核实。需取得境外有关资料的，可以按有关规定启动税收情报交换程序，或者通过我驻外机构调查收集有关信息。涉及境外关联方相关资料的，主管税务机关也可以要求企业提供公证机构的证明。

依 据

《一般反避税管理办法（试行）》（国家税务总局令第32号）第十条至第十五条

第八篇 一般反避税管理

82. 一般反避税案件的结案程序是如何规定的？

解答

主管税务机关根据调查过程中获得的相关资料，自国家税务总局同意立案之日起9个月内进行审核，综合判断企业是否存在避税安排，形成案件不予调整或者初步调整方案的意见和理由，层报省税务机关复核同意后，报国家税务总局申请结案。

解读

主管税务机关应当根据国家税务总局形成的结案申请审核意见，分别以下情况进行处理：

（1）同意不予调整的，向被调查企业下发《特别纳税调查结论通知书》；

（2）同意初步调整方案的，向被调查企业下发《特别纳税调查初步调整通知书》；

（3）国家税务总局有不同意见的，按照国家税务总局的意见修改后再次层报审核。

被调查企业在收到《特别纳税调查初步调整通知书》之日起7日内未提出异议的，主管税务机关应当下发《特别纳税调查调整通知书》。

被调查企业在收到《特别纳税调查初步调整通知书》之日起7日内提出异议，但是主管税务机关经审核后认为不应采纳的，应将被调查企业的异议及不应采纳的意见和理由层报省税务机关复核同意后，报国家税务总局再次申请结案。

被调查企业在收到《特别纳税调查初步调整通知书》之日起 7 日内提出异议，主管税务机关经审核后认为确需对调整方案进行修改的，应当将被调查企业的异议及修改后的调整方案层报省税务机关复核同意后，报国家税务总局再次申请结案。

主管税务机关应当根据国家税务总局考虑企业异议形成的结案申请审核意见，分别以下情况进行处理：

（1）同意不应采纳企业所提异议的，向被调查企业下发《特别纳税调查调整通知书》；

（2）同意修改后调整方案的，向被调查企业下发《特别纳税调查调整通知书》；

（3）国家税务总局有不同意见的，按照国家税务总局的意见修改后再次层报审核。

依 据

《一般反避税管理办法（试行）》（国家税务总局令第 32 号）第十六条至第十八条

83. 一般反避税案件发生争议应如何处理？

解 答

在一般反避税案件的立案、调查和结案过程中，被调查企业可以利用政策文件条款赋予的权利来维护自身的合法权益。

在立案环节，被调查企业收到《税务检查通知书》时，可以在 60 日内（或申请延期）提供资料说明安排的商业目的等信息，证明其税收安排不属于避税安排。在结案阶段，被调查企业如果对《特别纳税调查初步调整通知书》存在异议的，可以在7日内提出异议。被调查企业对税务机关作出的一般反避税调整决定不服的，还可以按照有关法律法规的规定申请法律救济。

解读

以下为一般反避税管理争议处理的相关条款：

（1）被调查企业对主管税务机关作出的一般反避税调整决定不服的，可以按照有关法律法规的规定申请法律救济。

（2）主管税务机关作出的一般反避税调整方案导致国内双重征税的，由国家税务总局统一组织协调解决。

（3）被调查企业认为我国税务机关作出的一般反避税调整，导致国际双重征税或者不符合税收协定规定征税的，可以按照税收协定及其相关规定申请启动相互协商程序。

依据

《一般反避税管理办法（试行）》（国家税务总局令第32号）第十九条至第二十一条

84. 如何理解"间接转让中国居民企业股权等财产"的概念？

解答

非居民企业通过实施不具有合理商业目的的安排，间接转让中国居民企业股权等财产，规避企业所得税纳税义务的，应按照《企业所得税法》第四十七条的规定，重新定性该间接转让交易，确认为直接转让中国居民企业股权等财产。非居民企业间接转让股权的税收管理，是最常见的一般反避税管理。

解读

中国居民企业股权等财产，是指非居民企业直接持有，且转让取得的所得按照中国税法规定，应在中国缴纳企业所得税的中国境内机构、场所财产，中国境内不动产（以下称中国应税财产），在中国居民企业的权益性投资资产等。

间接转让中国居民企业股权等财产，是指非居民企业通过转让直接或间接持有中国居民企业股权等财产的境外企业（不含境外注册中国居民企业，以下称境外企业）股权及其他类似权益（以下称股权），产生与直接转让中国应税财产相同或相近实质结果的交易，包括非居民企业重组引起境外企业股东发生变化的情形。间接转让中国应税财产的非居民企业为股权转让方。

依据

《国家税务总局关于非居民企业间接转让财产企业所得税若干问题的公告》（国家税务总局公告2015年第7号）第一条

第八篇　一般反避税管理

85. 间接转让中国应税财产的豁免条款有哪些？

解答

与间接转让中国应税财产相关的整体安排符合以下情形之一的，不适用《国家税务总局关于非居民企业间接转让财产企业所得税若干问题的公告》（国家税务总局公告 2015 年第 7 号）第一条的规定：

（1）非居民企业在公开市场买入并卖出同一上市境外企业股权取得间接转让中国应税财产所得；

（2）在非居民企业直接持有并转让中国应税财产的情况下，按照可适用的税收协定或安排的规定，该项财产转让所得在中国可以免予缴纳企业所得税。

解读

"在公开市场买入并卖出同一上市境外企业股权"规定的含义，一是买入和卖出交易均应该在公开市场上进行，排除人为控制的可能。由于交易市场处于境外，在交易环境和方式上各地之间会存在较多差异，同一地区也可能存在多个公开交易市场，需要依据各个市场的公开程度进行具体认定。市场的公开程度主要取决于可参与竞价的独立交易主体数量和竞价过程。二是买入并卖出的标的为同一上市公司股票。股权转让方在公开市场卖出的上市公司股份为在公司上市之前或者上市之后通过非公开市场买入，或者股权转让方在公开市场买入上市公司股份后再通过非公开市场卖出该股份，均不符合规定的条件。

依据

《国家税务总局关于非居民企业间接转让财产企业所得税若干问题的公告》(国家税务总局公告2015年第7号)第五条

86. 间接转让中国应税财产的安全港规则有哪些?

解答

间接转让中国应税财产同时符合以下条件的,应认定为具有合理商业目的:

(1) 交易双方的股权关系具有下列情形之一:

①股权转让方直接或间接拥有股权受让方80%以上的股权;

②股权受让方直接或间接拥有股权转让方80%以上的股权;

③股权转让方和股权受让方被同一方直接或间接拥有80%以上的股权。

境外企业股权50%以上(不含50%)价值直接或间接来自中国境内不动产的,上述第①、②、③项的持股比例应为100%。

上述间接拥有的股权按照持股链中各企业的持股比例乘积计算。

(2) 本次间接转让交易后可能再次发生的间接转让交易相比在未发生本次间接转让交易情况下的相同或类似间接转让交易,其中国所得税负担不会减少。

(3) 股权受让方全部以本企业或与其具有控股关系的企业的股权(不含上市企业股权)作为支付股权交易对价。

第八篇　一般反避税管理

解　读

如何判断本次间接转让交易后可能再次发生的间接转让交易相比在未发生本次间接转让交易情况下的相同或类似间接转让交易，其中国所得税负担不会减少？该项要求旨在将以获取更有利的税收结果为目的的集团内部间接转让中国应税财产交易排除在安全港之外。而是否构成以获取更有利的税收结果为目的的集团内部间接转让中国应税财产交易，则通过本次集团内部交易后可能再次发生的间接转让交易与在未发生本次集团内部交易情况下的相同或类似间接转让交易比较税收结果进行测试，凡前者税收结果可能优于后者的，均不能排除本次集团内部间接转让中国应税财产交易不是以获取更有利的税收结果为目的。

例8－2　A公司为一家非居民企业，将其持有的境外企业C公司股权转让给集团内另一家非居民企业B公司，因为C公司直接或间接持有中国居民企业5%股权，该项交易构成间接转让中国居民企业股权。如果B公司可以适用的税收协定财产收益条款限制中国对该中国居民企业5%股权的直接转让所得征税，而A公司可以适用的税收协定财产收益条款则不予限制，那么本次交易后B公司可能再次发生的间接转让中国居民企业股权交易因其可以适用的税收协定待遇，可以适用《国家税务总局关于非居民企业间接转让财产企业所得税若干问题的公告》（国家税务总局公告2015年第7号）第五条第（二）项规定而不予征税。相比之下，在未发生本次间接转让交易下的相同或类似交易，即由A公司转让但与前述B公司可能再次发生的间接转让中国居民企业股权交易相同或类似的交易，因A公司不能适用同等的税收协定待遇，而得不到同等的税收结果，不能排除本次交易不是以获取更有利的税收结果为目的，该交易就不符合"本次间接转让交易后可能再次发生的间接转让交易相比在未发生本次间接转让交易情况下

· 157 ·

的相同或类似间接转让交易,其中国所得税负担不会减少"规定的条件。

需要注意的是,即使该集团内部间接转让中国应税财产交易不符合安全港规则的规定,也并不意味着一定会被认定为不具有合理商业目的,是否具有合理商业目的应综合分析判断。

依据

《国家税务总局关于非居民企业间接转让财产企业所得税若干问题的公告》(国家税务总局公告2015年第7号)第六条

87. 应直接认定为不具有合理商业目的间接转让中国应税财产的情形有哪些?

解答

除符合豁免条款和安全港规则情形外,与间接转让中国应税财产相关的整体安排同时符合以下情形的,无需按相关因素进行综合分析和判断,应直接认定为不具有合理商业目的:

(1) 境外企业股权75%以上价值直接或间接来自中国应税财产;

(2) 间接转让中国应税财产交易发生前一年内任一时点,境外企业资产总额(不含现金)的90%以上直接或间接由在中国境内的投资构成,或间接转让中国应税财产交易发生前一年内,境外企业取得收入的90%以上直接或间接来源于中国境内;

(3) 境外企业及直接或间接持有中国应税财产的下属企业虽在所在国家(地区)登记注册,以满足法律所要求的组织形式,但实际履行的功能

第八篇　一般反避税管理

及承担的风险有限,不足以证实其具有经济实质;

(4)间接转让中国应税财产交易在境外应缴所得税税负低于直接转让中国应税财产交易在中国的可能税负。

解读

除符合豁免条款和安全港规则情形外,与间接转让中国应税财产相关的整体安排中,境外企业股权价值、资产总额或取得收入的绝大部分来源于中国境内,同时中间层企业实际履行的功能及承担的风险有限,不具有经济实质,间接转让税负低于直接转让税负的,税务机关可直接认定该安排不具有合理商业目的。

依据

《国家税务总局关于非居民企业间接转让财产企业所得税若干问题的公告》(国家税务总局公告2015年第7号)第四条

88. 如何综合分析判断间接转让中国应税财产是否具有合理商业目的?

解答

判断合理商业目的,应整体考虑与间接转让中国应税财产交易相关的所有安排,结合实际情况综合分析以下相关因素:

(1)境外企业股权主要价值是否直接或间接来自中国应税财产;

(2)境外企业资产是否主要由直接或间接在中国境内的投资构成,或其取得的收入是否主要直接或间接来源于中国境内；

（3）境外企业及直接或间接持有中国应税财产的下属企业实际履行的功能和承担的风险是否能够证实企业架构具有经济实质；

（4）境外企业股东、业务模式及相关组织架构的存续时间；

（5）间接转让中国应税财产交易在境外应缴纳所得税情况；

（6）股权转让方间接投资、间接转让中国应税财产交易与直接投资、直接转让中国应税财产交易的可替代性；

（7）间接转让中国应税财产所得在中国可适用的税收协定或安排情况；

（8）其他相关因素。

解读

在实际税收征管工作中，要基于具体交易，按照"实质重于形式"的原则，对交易整体安排和所有要素进行综合分析判断，不应依据单一因素或者部分因素予以认定。所列因素分析判断要点如下：

（1）分析境外企业股权主要价值是否直接或间接来自中国应税财产，境外企业资产是否主要由直接或间接在中国境内的投资构成，或其取得的收入是否主要直接或间接来源于中国境内因素时，要求从被转让的境外企业股权价值来源，以及境外企业资产和收入构成判断间接转让交易的主要标的是否为中国应税财产。

（2）分析境外企业及直接或间接持有中国应税财产的下属企业实际履行的功能和承担的风险是否能够证实企业架构具有经济实质因素时，要求通过功能风险分析判断被转让的境外企业及下属其他境外中间层公司的经济实质。通常从相关企业股权设置，以及人员、财产、收入等经营情况和财务信息入手，分析被转让企业股权与相关企业实际履行功能和承担风险的关联性，及其在企业集团架构中的实质经济意义，但要注意行业差异和特点。

（3）分析境外企业股东、业务模式及相关组织架构的存续时间因素时，要求从时间间隔上考量间接转让交易及相关安排的筹划痕迹。例如，境外股权转让方在转让前短时间内搭建了中间层公司并完成间接转让，那么这种交易安排就具有明显的筹划痕迹，非常不利于对具有合理商业目的的判定。

（4）分析间接转让中国应税财产交易在境外应缴纳所得税情况因素时，要求从境外应缴纳所得税情况判断是否存在跨国税收利益。境外应缴纳所得税情况包括股权转让方在其居民国应缴纳所得税情况和被转让方所在地应缴纳所得税情况。应缴纳所得税情况不仅考虑间接转让交易在境外实际缴纳的税款，还要考虑境外盈亏抵补、亏损结转等影响境外所得税税基的境外税收法律适用情况。如果在股权转让方居民国和被转让方所在地总体应缴纳所得税低于该间接转让交易在我国应缴纳所得税数额，那么就可以证明间接转让中国应税财产交易存在跨国税收利益。

（5）分析股权转让方间接投资、间接转让中国应税财产交易与直接投资、直接转让中国应税财产交易的可替代性因素时，要求从直接投资、直接转让中国应税财产交易与间接投资、间接转让中国应税财产交易间的可替代性分析判定间接交易是否存在合理商业实质。可替代性分析要考虑市场准入、交易审查、交易合规和交易目标等多种商业和非商业因素，不应仅凭单一因素予以认定。

（6）分析间接转让中国应税财产所得在中国可适用的税收协定或安排情况因素时，要求考虑交易适用税收协定或安排的影响，包括适用税收协定或安排的可能性和结果。

依据

《国家税务总局关于非居民企业间接转让财产企业所得税若干问题的公告》（国家税务总局公告2015年第7号）第三条

89. 发生间接转让中国应税财产交易，交易相关方向主管税务机关报告时应提交哪些资料？

解答

间接转让中国应税财产的交易双方及被间接转让股权的中国居民企业可以向主管税务机关报告股权转让事项，并提交以下资料：

（1）股权转让合同或协议（为外文文本的需同时附送中文译本，下同）；

（2）股权转让前后的企业股权架构图；

（3）境外企业及直接或间接持有中国应税财产的下属企业上两个年度财务、会计报表；

（4）间接转让中国应税财产交易不适用《国家税务总局关于非居民企业间接转让财产企业所得税若干问题的公告》（国家税务总局公告2015年第7号）第一条的理由。

解读

间接转让中国应税财产的交易双方和被间接转让股权的中国居民企业可以（非强制）向主管税务机关报告股权转让事项，并提交相关资料。此规定相比之前有较大的改变，一是由强制报告变为交易相关各方自主选择是否报告；二是提交的资料相对简单，属于交易必备资料，无须额外准备，为报告主体提供便利；三是可报告的主体扩展为间接转让中国应税财产的交易双方及被间接转让股权的中国居民企业，有利于交易相关方选择合适的报告主体和途径。

对间接转让中国应税财产交易没有规定强制报告的义务，由纳税人或扣缴义务人自行判定是否报告并提交资料。但如果该交易需缴纳中国企业所得税，是否提交资料的法律后果是有区别的，旨在鼓励纳税人或扣缴义务人主动报告并提供相关资料。

依据

《国家税务总局关于非居民企业间接转让财产企业所得税若干问题的公告》（国家税务总局公告 2015 年第 7 号）第九条

90. 发现间接转让中国应税财产交易，主管税务机关可以要求交易相关方提供哪些资料？

解答

间接转让中国应税财产的交易双方和筹划方，以及被间接转让股权的中国居民企业，应按照主管税务机关要求提供以下资料：

（1）股权转让合同或协议，股权转让前后的企业股权架构图，境外企业及直接或间接持有中国应税财产的下属企业上两个年度财务、会计报表，间接转让中国应税财产交易不适用《国家税务总局关于非居民企业间接转让财产企业所得税若干问题的公告》（国家税务总局公告 2015 年第 7 号）第一条的理由（已提交的除外）；

（2）有关间接转让中国应税财产交易整体安排的决策或执行过程信息；

（3）境外企业及直接或间接持有中国应税财产的下属企业在生产经营、人员、账务、财产等方面的信息，以及内外部审计情况；

（4）用以确定境外股权转让价款的资产评估报告及其他作价依据；

（5）间接转让中国应税财产交易在境外应缴纳所得税情况；

（6）与适用豁免条款和安全港规则有关的证据信息；

（7）其他相关资料。

解读

税务机关发现间接转让中国应税财产的交易行为，可以要求交易相关方提供相关资料，这是税务机关调查取证的权利，也是交易相关方依法应承担的义务。如果交易相关方不能按要求提供资料，将承担相应的涉税风险。

依据

《国家税务总局关于非居民企业间接转让财产企业所得税若干问题的公告》（国家税务总局公告2015年第7号）第十条

91. 如何确定间接股权转让所得归属于中国应税财产的数额？

解答

股权转让方取得的转让境外企业股权所得归属于中国应税财产的数

额，应按以下顺序进行税务处理：

（1）间接转让机构、场所财产所得，应作为与所设机构、场所有实际联系的所得，按照《企业所得税法》规定征税；

（2）间接转让不动产所得，应作为来源于中国境内的不动产转让所得，按照《企业所得税法》规定征税；

（3）间接转让股权所得，应作为来源于中国境内的权益性投资资产转让所得，按照《企业所得税法》规定征税。

如果被转让境外企业股权价值来源包括中国应税财产因素和非中国应税财产因素，则需按照合理方法将转让境外企业股权所得划分为归属于中国应税财产所得和归属于非中国应税财产所得，只需就归属于中国应税财产所得征税。

解读

如果一项间接转让中国应税财产交易因不具有合理商业目的被调整定性为直接转让中国应税财产交易，则依据《企业所得税法》及《国家税务总局关于非居民企业间接转让财产企业所得税若干问题的公告》（国家税务总局公告2015年第7号）相关规定，可以就间接转让中国应税财产所得征收企业所得税。但如果被转让境外企业股权价值来源包括中国应税财产因素和非中国应税财产因素，则须按照合理方法将转让境外企业股权所得划分为归属于中国应税财产所得和归属于非中国应税财产所得，只须就归属于中国应税财产所得按照上述公告调整征税。

例8－3 设立在英属维尔京群岛的境外企业B公司（不属于境外注册中国居民企业）持有中国应税财产和非中国应税财产两项资产，A公司为B公司境外100%控股母公司，A公司转让B公司股权所得为1000万元，假设其中归属于中国应税财产的所得为800万元，归属于非中国应税财产所得为 200 万元，在这种情况下，只就归属于中国应税财产的 800 万元部分适用《国家税务总局关于非居民企业间接转让财产企业所得税若干问题的公告》（国家税务总局公告 2015 年第 7 号）征税；假设其中归属于中国应税财产的所得为 1200 万元，归属于非中国应税财产的所得为 -200 万元，那么即便转让 B 公司股权所得为 1000 万元，仍须就归属于中国应税财产的 1200 万元适用《国家税务总局关于非居民企业间接转让财产企业所得税若干问题的公告》（国家税务总局公告 2015 年第 7 号）征税。

依据

《国家税务总局关于非居民企业间接转让财产企业所得税若干问题的公告》（国家税务总局公告 2015 年第 7 号）第一条、第二条

第九篇 特别纳税调整相互协商程序

92. 什么是特别纳税调整相互协商程序?

解 答

特别纳税调整相互协商程序是为解决税务争议、消除国际双重征税,按照税收协定有关规定,依据企业申请或者税收协定缔约对方税务主管当局请求启动相互协商程序,通过与税收协定缔约对方税务主管当局开展协商谈判,共同处理由特别纳税调整事项引起的国际重复征税的过程。

特别纳税调整相互协商程序既适用于双边或者多边预约定价安排的谈签,也适用于税收协定缔约一方实施特别纳税调查调整引起另一方相应调整的协商谈判,但不适用于涉及税收协定条款解释或者执行的相互协商程序。

解 读

相互协商程序是源于国家(地区)税务主管当局之间为解决税务争议、消除国际双重征税,进行的双边或多边协商谈判。相互协商程序作为在国内法律救济手段之外解决税务争议的补充途径,按照适用情形分类,可以分为特别纳税调整相互协商程序和税收协定相互协商程序。《国家税务总局关于发布〈特别纳税调查调整及相互协商程序管理办法〉的公告》（国家税务总局公告2017年第6号）规范的是特别纳税调整相互协商程序，《国家税务总局关于发布〈税收协定相互协商程序实施办法〉的公告》（国家税务总局公告2013年第56号）规范的是税收协定相互协商程序。

特别纳税调整相互协商程序和税收协定相互协商程序在申请（请求）主体上也有所区别。其中，特别纳税调整相互协商程序的申请（请求）主体主要有企业和税收协定缔约对方税务主管当局，税收协定相互协商程序的申请（请求）主体则包括中国居民（国民）、缔约对方税务主管当局以及国家税务总局。

依 据

《国家税务总局关于发布〈特别纳税调查调整及相互协商程序管理办法〉的公告》（国家税务总局公告2017年第6号）第四十七条

《国家税务总局关于发布〈税收协定相互协商程序实施办法〉的公告》（国家税务总局公告2013年第56号）第一章至第四章

93. 企业如何申请启动特别纳税调整相互协商程序？

解 答

企业申请启动特别纳税调整相互协商程序的，应当在税收协定规定期限内，向国家税务总局书面提交《启动特别纳税调整相互协商程序申请表》和特别纳税调整事项的有关说明。提交的资料应当同时采用中文和英文文本，企业向税收协定缔约双方税务主管当局提交资料内容应当保持

第九篇　特别纳税调整相互协商程序

一致。

企业当面报送资料的,以报送日期为申请日期;邮寄报送的,以国家税务总局收到上述资料的日期为申请日期。

解读

特别纳税调整相互协商程序的受理机关为国家税务总局。企业申请启动特别纳税调整相互协商程序应当以书面形式提交申请资料。

依据

《国家税务总局关于发布〈特别纳税调查调整及相互协商程序管理办法〉的公告》(国家税务总局公告2017年第6号)第四十八条、第五十九条

94. 国家税务总局如何受理、启动特别纳税调整相互协商程序?

解答

国家税务总局收到企业提交的相关资料后,认为符合税收协定有关规定的,可以启动相互协商程序;认为资料不全的,可以要求企业补充提供资料。

税收协定缔约对方税务主管当局请求启动相互协商程序的,国家税务总局收到正式来函后,认为符合税收协定有关规定的,可以启动相互协商程序。

国家税务总局认为税收协定缔约对方税务主管当局提供的资料不完

整、事实不清晰的，可以要求对方补充提供资料，或者通过主管税务机关要求涉及的境内企业协助核实。

国家税务总局决定启动相互协商程序的，应当书面通知省税务机关，并告知税收协定缔约对方税务主管当局。负责特别纳税调整事项的主管税务机关应当在收到书面通知后15个工作日内，向企业送达启动相互协商程序的《税务事项通知书》。

解读

资料完整、事实清晰是启动相互协商程序的基础。如果出现企业或税收协定缔约对方税务主管当局提供资料不完整、事实不清晰的情况，一方面需要对方进一步补正资料；另一方面可能需要加强对有关情况的核实，核实过程可要求境内企业协助。

依据

《国家税务总局关于发布〈特别纳税调查调整及相互协商程序管理办法〉的公告》（国家税务总局公告2017年第6号）第四十八条至第五十条

95. 哪些情形下特别纳税调整相互协商程序的申请（请求）会被拒绝？

解答

当出现下列任一情形时，国家税务总局可以拒绝企业申请或者税收协定缔约对方税务主管当局启动相互协商程序的请求：

第九篇 特别纳税调整相互协商程序

（1）企业或者其关联方不属于税收协定任一缔约方的税收居民；

（2）申请（请求）不属于特别纳税调整事项；

（3）申请（请求）明显缺乏事实或者法律依据；

（4）申请不符合税收协定有关规定；

（5）特别纳税调整案件尚未结案或者虽然已经结案但是企业尚未缴纳应纳税款。

解读

由于特别纳税调整相互协商程序是依据税收协定有关条款规定，与税收协定缔约对方税务主管当局开展协商谈判，因此，如果企业或者其关联方不属于税收协定任一缔约方的税收居民，则无法适用税收协定的有关规定。如果申请本身不符合税收协定有关规定，或申请（请求）事由不属于特别纳税调整事项，则不具备相互协商的前提条件，不能适用特别纳税调整相互协商程序。

此外，由于相互协商程序也属于企业被实施特别纳税调查调整后的一种法律救济途径，因此申请启动相互协商程序的前提是特别纳税调整案件已结案且已缴纳应纳税款。若案件尚未结案或者虽已结案但是尚未缴纳应纳税款的，则不能申请启动相互协商程序。

依据

《国家税务总局关于发布〈特别纳税调查调整及相互协商程序管理办法〉的公告》（国家税务总局公告 2017 年第 6 号）第五十二条

96. 适用于暂停、终止相互协商程序的情形主要有哪些？

解答

（1）有下列情形之一的，国家税务总局可以暂停相互协商程序：
①企业申请暂停相互协商程序；
②税收协定缔约对方税务主管当局请求暂停相互协商程序；
③申请必须以另一被调查企业的调查调整结果为依据，而另一被调查企业尚未结束调查调整程序；
④其他导致相互协商程序暂停的情形。

（2）有下列情形之一的，国家税务总局可以终止相互协商程序：
①企业或者其关联方不提供与案件有关的必要资料，或者提供虚假、不完整资料，或者存在其他不配合的情形；
②企业申请撤回或者终止相互协商程序；
③税收协定缔约对方税务主管当局撤回或者终止相互协商程序；
④其他导致相互协商程序终止的情形。

解读

《国家税务总局关于发布〈特别纳税调查调整及相互协商程序管理办法〉的公告》（国家税务总局公告2017年第6号）规定的适用于暂停、终止相互协商程序的情形，既是为了使相互协商过程更加高效，也是为了保证协商程序更加完备合理。例如，当申请必须以另一被调查企业的调查调整结果为依据，而另一被调查企业尚未结束调查调整程序时，可以暂停相互协商程序，待另一被调查企业的调查调整结束后再继续相互协商程序。

第九篇　特别纳税调整相互协商程序

再如，当遇到企业或者其关联方拒不提供资料，或提供虚假、不完整资料，以及拒不配合等情况，导致相互协商程序无法继续推进时，国家税务总局也可以终止相互协商程序。

此外，为保障纳税人合法权益，在国家税务总局决定暂停或者终止相互协商程序后，应当书面通知省税务机关。负责特别纳税调整事项的主管税务机关应当在收到书面通知后 15 个工作日内，向企业送达暂停或者终止相互协商程序的《税务事项通知书》。

依　据

《国家税务总局关于发布〈特别纳税调查调整及相互协商程序管理办法〉的公告》（国家税务总局公告 2017 年第 6 号）第五十三条至第五十五条

97. 特别纳税调整相互协商协议签署后应如何执行？

解　答

国家税务总局与税收协定缔约对方税务主管当局签署相互协商协议后，国家税务总局应当书面通知省税务机关，附送相互协商协议。负责特别纳税调整事项的主管税务机关应当在收到书面通知后 15 个工作日内，向企业送达《税务事项通知书》，附送相互协商协议。对于需要补（退）税的，还应当附送《特别纳税调整相互协商协议补（退）税款通知书》或者《预约定价安排补（退）税款通知书》，并监控执行补（退）税款情况。

解读

《国家税务总局关于发布〈特别纳税调查调整及相互协商程序管理办法〉的公告》（国家税务总局公告 2017 年第 6 号）明确了相互协商协议签署后的操作流程：一是要履行告知义务，由负责特别纳税调整事项的主管税务机关在收到书面通知后 15 个工作日内，向企业送达《税务事项通知书》，附送相互协商协议；二是对需要补（退）税的，还要附送《特别纳税调整相互协商协议补（退）税款通知书》或者《预约定价安排补（退）税款通知书》；三是要求监控执行补（退）税款情况。

依据

《国家税务总局关于发布〈特别纳税调查调整及相互协商程序管理办法〉的公告》（国家税务总局公告 2017 年第 6 号）第五十六条

98. 对经相互协商程序需要补（退）税款涉及外币计算的，汇率应当如何确定？

解答

在经相互协商程序后，需要补（退）税的，若应纳税收入或者所得额以外币计算的，应当按照相互协商协议送达企业之日上月最后一日人民币汇率中间价折合成人民币，计算应补缴或者应退还的税款。

第九篇　特别纳税调整相互协商程序

解　读

随着国际经济合作的深入，越来越多的相互协商事项会涉及外币计算。明确应补（退）税款的外币计算汇率，不仅有助于减少税企争议，也有利于提高各方对相互协商协议的遵从。

依　据

《国家税务总局关于发布〈特别纳税调查调整及相互协商程序管理办法〉的公告》（国家税务总局公告2017年第6号）第五十六条

第十篇 特别纳税调整最新发展趋势

99. 什么是"难以估值无形资产"？

解答

《跨国企业与税务机关转让定价指南（2022）》指出，当一项无形资产同时满足下列两个条件，则该无形资产被归为"难以估值无形资产"：①不存在可靠的可比信息；②交易时点与无形资产相关的未来现金流或收入流预测，或其他用以进行无形资产估值的假设条件高度不确定。当一项无形资产被界定为难以估值的无形资产，税务机关有权以"事后"情况（例如，无形资产实际外化的价值、交易双方的财务表现等）作为参考证据，重新审阅和调整事前的无形资产评估价值。

解读

"难以估值无形资产"在企业关联业务往来中较为常见。例如，尚处于开发过程中的无形资产，或交易后数年都无法达到商业化程度的无形资产，或与成本分摊协议相关联的无形资产等，都很可能归于"难以估值无形资产"，从而引发有关"事后"调整的问题。这一特别情形一旦成为税务机关对无形资产评估的切入点，将很大程度上增加相关估值分析的敏感度和转让定价风险。

依 据

OECD/G20 Base Erosion and Profit Shifting Project – Guidance for Tax Administrations on the Application of the Approach to Hard – to – Value Intangibles，June 2018

100.《资产评估执业准则——资产评估方法》中的资产评估方法对转让定价领域有何借鉴意义？

解 答

2019年12月4日，中国资产评估协会根据《资产评估基本准则》，制定和印发了《资产评估执业准则——资产评估方法》（以下简称《评估方法》），并于2020年3月1日起施行。《评估方法》从规范资产评估执业的角度，明确了包括市场法、收益法和成本法三种基本方法及其衍生方法的概念、适用条件等重要事项。《评估方法》的施行无疑对资产评估方法在转让定价领域内的应用有所助益，但也应注意到，资产评估方法在转让定价领域内的应用有其目的的特定性和适用场景的特殊性。

解 读

《评估方法》给出的评估方法比较多。例如收益法，无形资产评估中的增量收益法、超额收益法、节省许可费法、收益分成法等，以及企业价值评估中的现金流量折现法、股利折现法等。OECD《跨国企业与税务机关转让定价指南（2022）》（以下简称《转让定价指南》），主要以现金流量折现法为视角。

因此，《评估方法》对中国转让定价现行法规体系可以起到一定的补充作用。但应当注意，相较于一般商业评估和其他目的评估，转让定价有着诸多额外特有的考量和挑战，例如对于参数的选择，《转让定价指南》特别要求考虑交易双方的税收，以及税务摊销利益等方面的影响。因此在应对关联方之间的资产转让交易时，有必要确保这些特殊考量被引入到评估分析过程，最大程度地在多重规则中寻求符合税务和转让定价角度的最佳途径，从而有效管控转让定价风险。

依 据

《资产评估执业准则——资产评估方法》

101. OECD《关于新冠肺炎疫情影响的转让定价指引》的主要内容是什么？

解 答

2020年12月18日，OECD发布了《关于新冠肺炎疫情影响的转让定价指引》（以下简称《指引》）。总体而言，《指引》不是对《跨国企业和税务机关转让定价指南》（以下简称《转让定价指南》）的扩展，而是有关独立交易原则的具体应用说明。

第十篇　特别纳税调整最新发展趋势

🧑 解　读

《指引》侧重于分析独立交易原则和《转让定价指南》如何适用于在新冠肺炎疫情（以下简称疫情）背景下可能出现或加剧的问题，其中涉及四个方面：①基准分析；②亏损和疫情导致的相关费用分配；③政府援助；④预约定价安排。

在《指引》中，OECD 重申了独立交易原则在转让定价分析中的核心地位，包括准确描述关联交易的功能风险实质、在可比性分析中考虑疫情及政府支持等因素对被测试交易（或企业）及可比交易（或企业）各自的特殊影响，确保被测试交易（或企业）与独立交易（或企业）的可比性。而对于疫情对原有公司间安排的影响，即疫情造成的特殊成本费用及损失应由哪一方承担，《指引》也要求基于独立交易原则进行具体情形的分析。在准确描述交易实质和运用独立交易原则进行定价及测试的基础上，《指引》提出了解决可比性困难的实用方法建议，包括与预算数据的比较及实施合理的商业判断等。这些方法对企业寻求将《转让定价指南》的原则应用于疫情期间的特殊情况以增加可比性有所裨益。此外，意识到许多企业亟需通过预约定价安排获得进一步的确定性，《指引》强调了对现有和未来预约定价安排而言税企协作和采取灵活方法的潜在需求。

🔍 依　据

《关于新冠肺炎疫情影响的转让定价指引》（OECD Guidance on the Transfer Pricing Implications of the COVID–19 Pandemic）

102. 面对新冠肺炎疫情，税务机关和企业在转让定价实践中应重点关注哪些方面？

解答

新冠肺炎疫情（以下简称疫情）对全球不同行业的经济环境和经营策略都带来了不同程度的影响，当受测关联交易与独立非关联交易存在实质性差异时，就需要对这些差异进行可比性差异调整，以提升两者之间的可比性。企业应当在转让定价文档中提供相关信息以支持转让定价分析。中国税务机关将遵循独立交易原则，甄别可比因素，确保可比性分析结果的公允性和一致性。

解读

（1）关于转让定价调查。疫情对不同行业的企业造成的影响程度具有较大差异，对部分行业企业发展带来了较大冲击，也给部分行业企业带来了新的发展机遇。税务机关开展转让定价调查时，将遵循独立交易原则，并在此基础上考虑疫情对企业关联交易的影响，做到具体情况具体分析。

（2）关于如何考虑企业因疫情影响导致的损失。税务机关将结合企业功能风险、关联交易特征、行业特点、可比企业情况等因素，在转让定价调查中综合考虑疫情对企业造成的影响。对于企业因疫情防控需要发生的额外支出或受疫情影响增加的经营费用等，税务机关将在可比性分析时，在充分考虑独立第三方之间就相关成本和费用如何分配的基础上，酌情进行差异性调整。建议企业将相关成本和费用明确划分量化，并保留相关证据备查。

第十篇　特别纳税调整最新发展趋势

（3）关于企业在准备同期资料时应注意的方面。根据《国家税务总局关于完善关联申报和同期资料管理有关事项的公告》（国家税务总局公告2016年第42号）第十四条第（四）项的有关规定，企业在准备本地文档时，应当详细说明疫情对关联交易、价值链等方面的具体影响。在进行可比性分析时，可以重点关注相同年度、地域、行业、产品和功能风险的可比对象数据，以反映疫情对行业利润水平的影响。

（4）关于政府援助政策对关联交易价格的影响。疫情期间，我国政府在房租、税费、融资等方面出台了一系列援助政策。政府援助政策对转让定价安排的影响可能主要体现在可比性分析方面。例如，企业认为政府援助对转让定价安排产生影响，应当在转让定价文档中提供相关信息以支持转让定价分析。税务机关将遵循独立交易原则，甄别可比因素，确保可比性分析结果的公允性和一致性。

（5）关于预约定价安排的执行。如果企业确因疫情发生影响预约定价安排执行的实质性变化，可以书面报告主管税务机关，详细说明疫情对执行预约定价安排的影响，并附送相关资料。主管税务机关应当分析评估疫情带来的实质性变化对预约定价安排的影响程度。对于单边预约定价安排，与企业协商修订或终止预约定价安排；对于双（多）边预约定价安排，层报国家税务总局协调，由国家税务总局与税收协定缔约对方税务主管当局协商解决。

依　据

国家税务总局国际税务司发布的《疫情防控期间反避税有关问题解答》

《关于新冠肺炎疫情影响的转让定价指引》（OECD Guidance on the Transfer Pricing Implications of the COVID–19 Pandemic）

参考文献

[1] 国家税务总局国际税务司. 国际税收政策及解读汇编（2019年版）[M]. 北京：中国税务出版社，2019.

[2] 国家税务总局国际税务司. 国际税收业务手册（2013年版）[M]. 北京：中国税务出版社，2013.

[3] 经济合作与发展组织. 跨国企业与税务机关转让定价指南（2017）[M]. 国家税务总局国际税务司，译. 北京：中国税务出版社，2019.

[4]《中华人民共和国企业所得税法实施条例》立法起草小组，史耀斌，孙瑞标，等. 中华人民共和国企业所得税法实施条例释义及适用指南[M]. 北京：中国财政经济出版社，2007.

[5] 人民出版社法律与国际编辑部. 最高人民法院行政审判十大典型案例（第一批）[M]. 北京：人民出版社，2017.

[6] OECD. Transfer Pricing Guidelines for Multinational Enterprises and Tax Administrations 2022. https：//doi.org/10.1787/0e655865-en.

[7] UN. Department of Economic and Social Affairs. United Nations Practical Manual on Transfer Pricing for Developing Countries 2021. https：//digitallibrary.un.org/record/3929019.